D1231401

ברכון קורן
THE KOREN BIRKON

פותח את ידך ומשביע לכל חי רצון

WITH INTRODUCTION & TRANSLATION BY

Rabbi Jonathan Sacks שליט״א

PHOTOGRAPHY BY

Yehoshua Halevi

•

KOREN PUBLISHERS JERUSALEM

ברכון קורן
The Koren Birkon
Second Hebrew/English Edition © 2012

הוצאת קורן ירושלים
ת״ד 4044 ירושלים 9104001
טל׳: 02-6330517 פקס: 02-6330519

Koren Publishers Jerusalem Ltd.
POB 4044, Jerusalem 91040, ISRAEL
POB 8531, New Milford, CT 06776-8531, USA

www.korenpub.com

The introduction and English translation in this edition are based on the English translation and commentary first published in Great Britain in 2006 in the Authorised Daily Prayer Book of the United Hebrew Congregations of the Commonwealth: New Translation and Commentary by Rabbi Jonathan Sacks (Fourth Edition, Compilation © United Synagogue), by Collins, a division of HarperCollins Publishers, London.

Printed in PRC

Hardcover, ISBN 978-965-301-272-1 מסת״ב
Illustrated Paperback, ISBN 978-965-301-273-8 מסת״ב
Illustrated Paperback, ISBN 978-965-301-274-5 מסת״ב, package of 10
Plain Paperback, ISBN 978-965-301-275-2 מסת״ב, package of 10

IBK 5

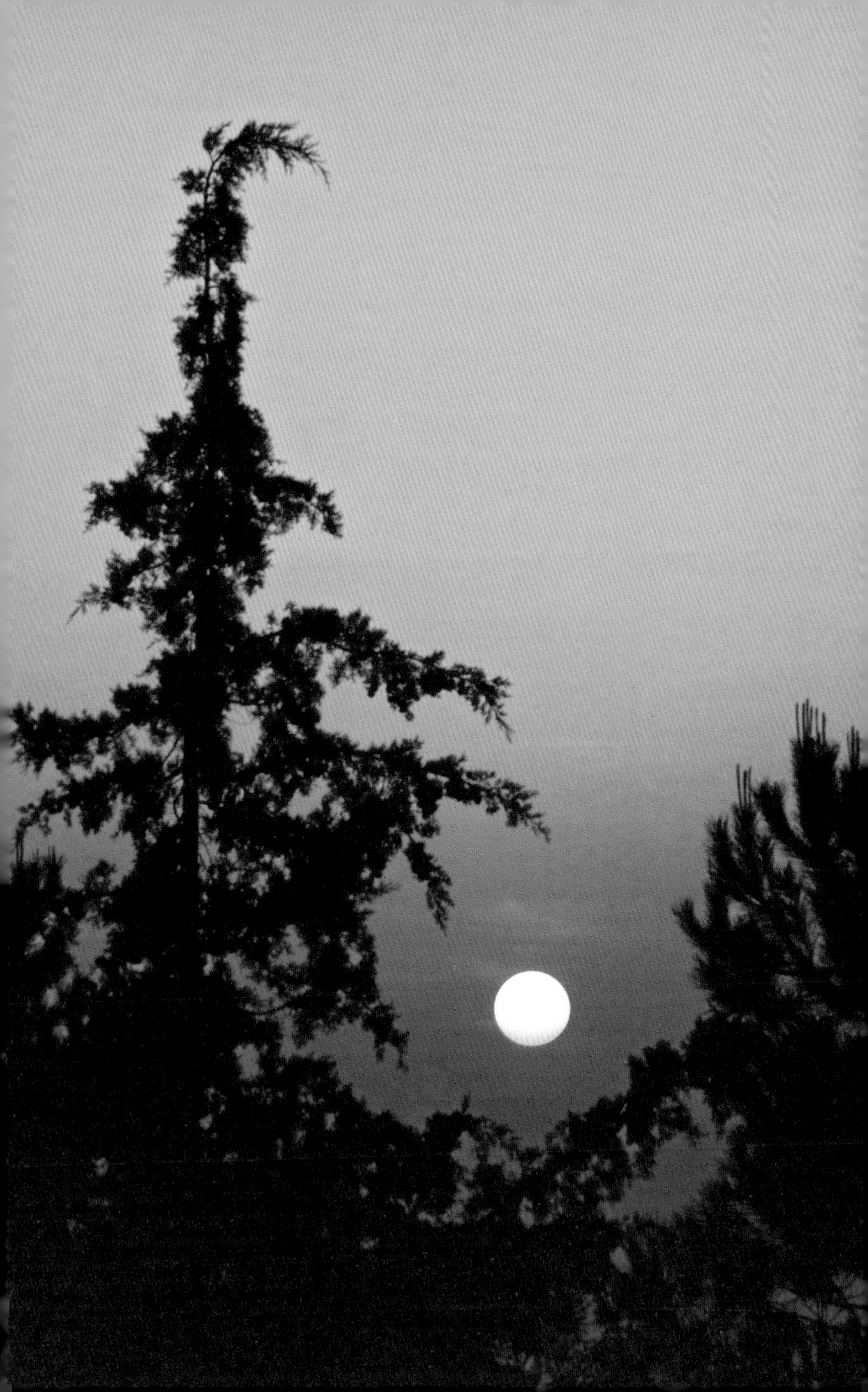

SHABBAT IN THE JEWISH HOME

Introduction by
Chief Rabbi Jonathan Sacks

In the wake of the destruction of the Second Temple the sages made an astonishing leap of spiritual insight. They said: "Now that the Temple no longer stands, a person's own table atones for him" (*Menaḥot* 97a). The Jewish home became a miniature temple. Every meal became a sacred act. Thanking God before and after eating, conferred holiness on what otherwise would be the mere satisfaction of a physical drive. Even the act of hospitality was, said the sages, "greater than welcoming the Divine Presence" (*Shabbat* 127a).

It has been the Jewish genius through the ages to turn tragedy into an impetus for spiritual transformation. The Temple lay in ruins. Seemingly, Jews had lost everything: their land, their independence, and their holiest place. All that remained was a demoralized and dispersed people. But faith defeats defeat, helping us find God where we least expect to meet Him.

You don't need a temple, implied the sages. You can find the *Shekhina*, the Divine Presence, in the love between husband and wife, in the sacred bond between parents and children, in the act of welcoming friends and strangers into your home, in making blessings over the food you eat and declaring God's praises in the songs you sing.

The laws and customs that took shape after the destruction, honed to precision Judaism's most radical spiritual insight: the epiphany of the ordinary, the poetry of everyday life. To touch the face of God, you do not need to scale mountains or cross oceans in search of fabled lands. All you need to do is sit at a table and sing God's praises, make a home and open it to God's presence. The world is full of God's light if we know how to open our eyes. The *Shekhina* lives in hearts open to one another. Where we bless God, that is where God is to be found.

That is the secret encoded in the simple blessings, prayers and songs in this book.

SHABBAT: SANCTIFIED TIME

The Talmud tells a fascinating story about the first translation of the Torah into Greek, in the reign of Ptolemy II in the third century BCE. It says that the translators made certain deliberate changes because they thought a literal translation would not be understood. One of them was to the account of creation. Instead of translating Genesis 2:2 literally ("On the seventh day God finished the work He had done"), they translated it as "On the *sixth* day" (*Megilla* 9a).

Evidently they thought the Greeks would not understand that the work of the seventh day – *rest* – was part of the act of creation. They were right. Neither the Greeks nor the Romans understood Shabbat. They wrote that Jews rested one day in seven because they were lazy. All ancient religions had holy days, but none was marked by the cessation of activity, a prohibition against work. The idea that holiness might be marked by self-restraint was alien to them. A God who created heaven and earth: that was intelligible. A God who rested and who commanded His people to rest: that sounded absurd.

The irony is that ancient Greece was one of the most creative cultures the world has ever known. It produced philosophers like Socrates, Plato and Aristotle, dramatists like Sophocles and Aeschylus, the historians Herodotus and Thucydides, and immortal art and architecture. The Alexandrian empire was the greatest military power in antiquity. Yet a mere century after Ptolemy II, it began to decline and never recovered. Civilizations, like individuals, suffer from burnout. Jews, who rested every seventh day, never did.

Sanctification is the space we make for otherness. God rested after six days to make space for an evolving universe and humankind. We rest on the seventh day to make space for God. On Shabbat, we do not bend the world to our will; we open ourselves to the will of God. We do not create; we allow ourselves to be re-created. For six days we are driven by our, often self-centered, devices and desires. On the seventh day we open ourselves to that-which-is-not-me. In the spaciousness of rest, we see the radiance of being. In the silence of the soul, we hear the music of the universe. For six days the world is full of beauty we are too busy to see. On the seventh day, we stop and pay attention. Sanctification, *kiddush*, means making space.

KIDDUSH

"Remember the Shabbat day to make it holy" (Exodus 20:8). From this verse the sages derived the command to sanctify Shabbat at its beginning and end by a verbal declaration said over a cup of wine. Hence our practice of Kiddush at the day's inception, and Havdala at its conclusion.

The sanctity of Shabbat is God-given. According to the Torah (Genesis 2:1–3), it was written into creation at the beginning. Yet God invites us to share in the work of sanctification, and that is what Kiddush represents. In the words of the sages: "Whoever prays on Friday night and says 'Then the heavens and the earth were completed,' becomes a partner of the Holy One, blessed be He, in the work of creation" (*Shabbat* 119b).

The creation of holiness is a collaborative act. God is holy, but it takes us to make that holiness manifest in the world. That is part of what Isaiah meant when he said, in the name of God: "You are my witnesses" (Isaiah 43:10). We are God's ambassadors on earth, and to fulfill that role we do not need to be priests serving in the Temple in Jerusalem. All we need to do is to live in a way that testifies to something larger than ourselves. Making Kiddush, we bear witness to creation and its Creator.

THE FRIDAY NIGHT BLESSINGS

Kiddush is part of what has become, over time, a larger series of blessings and rituals, seven in all, symbolizing the seven days of creation.

1. *The blessing over the Shabbat lights,* a symbol of peace in the home: "Great is peace, for the whole Torah was given to make peace in the world" (Maimonides, *Mishneh Torah,* Laws of Ḥanukka, 4:14). When there is peace in the home, we have taken the first step toward peace in the world.

2. *The blessing of children,* the living symbols of continuity through the generations. Abraham was chosen "so that he will direct his children and his household after him to keep the way of the LORD by doing what is right and just" (Genesis 18:19). Parenthood is a sacred task. Through it we become a link in the chain of the generations. So on Shabbat, the day on which God's blessings are most manifest, we hand those blessings on to those we have brought into the world.

3. *The blessing of the "ministering angels"* said to accompany worshipers on their way home from the synagogue, symbols of divine providence and protection.

4. *Eshet Ḥayil, "A woman of strength,"* the closing verses of *Mishlei* (the book of Proverbs), constructed as an alphabetical acrostic. This is literally a hymn of praise to Jewish women as architects and sustainers of the family. Metaphorically it is also understood as a poem dedicated to the *Shekhina,* the Divine Presence.

5. *Kiddush, "Sanctification of the day,"* involves a blessing over wine and over the day itself.

6. *Hand washing and its accompanying blessing* are signs that we are sanctifying ourselves in preparation for the meal.

7. *The blessing over two loaves of bread* (*ḥallot*) recalls the double portion of manna that fell on Friday so that the Israelites would not have to gather their food on Shabbat (Exodus 16:5, 22). The Hebrew word for bread, *leḥem,* comes from the same root as *milḥama,* meaning "war," for the struggle over scarce resources has historically been the root of warfare. The Shabbat loaves, representing the manna described in the Torah as "bread from heaven" (Exodus 16:4), symbolize a world without war, in which my gain does not involve your loss, for we are both beneficiaries of God's bounty. So the *ḥallot* do more than recall the

past. They signal the messianic future, the Shabbat of history, in which swords will be turned into plowshares, when human beings turn from the zero-sum game of conflict to the non-zero-sum logic of cooperation.

ZEMIROT

According to the *Sefer Ḥasidim* (271) the custom of singing songs, *zemirot*, on Shabbat is based on the opening words of Psalm 92: "A psalm, a song for the Sabbath day: It is good to praise the LORD and sing hymns [*lezamer*] to Your name Most High."

Most of the *zemirot* were composed during the Middle Ages, the high point of Jewish religious poetry. The composers include Dunash ibn Labrat (Morocco and Baghdad, tenth century), Yehuda HaLevi (Spain, eleventh century), and Abraham ibn Ezra (Spain, twelfth century). Many of the more mystical songs were composed by Rabbi Isaac Luria and his disciples in Safed in the sixteenth century. Yet others were composed by the Hasidic masters. Often the composers left their signature in the form of an acrostic: the first letters of the lines or verses spell out their name. Many of them rehearse the laws and ideas of Shabbat itself. The mystical songs speak of the unification of worlds that takes place on Shabbat as the rifts in existence begin to heal.

Zemirot are religious folk music. They are not virtuoso pieces for soloists, but simple songs in which we can all join. Music bonds people. Singing together, our voices interweave and we become part of the choral symphony that has been the Jewish people's response to Shabbat across the centuries and continents.

BIRKAT HAMAZON: GRACE AFTER MEALS

Grace after Meals is one of the prayers dating back to the days of Moses: "You shall eat and be satisfied and bless the LORD your God for the good land He has given you" (Deuteronomy 8:10). It represents one of the most paradoxical insights of Deuteronomy, the last of the Mosaic books.

In it, Moses never tires of reminding the next generation that the great danger to the soul is not poverty but affluence, not persecution but freedom. When Jews were poor, they thanked God. When they became rich, they stopped doing so. When Jews were persecuted, they stayed Jews. When they found freedom, they lost their identity. Moses warned the Israelites that it was not the wilderness years that were the trial of faith. It would be having a land, a home, security and ease.

Moses sets out the point in two passages, both of which contain the theme, "eat and be satisfied." The first: "When the LORD your God brings you into the land He promised to your fathers … with large, flourishing cities you did not build, houses full of all good things you did not provide, wells you did not dig, and vineyards and olive groves you did not plant – then when you eat and are satisfied, be careful not to forget the LORD who brought you out of Egypt, out of the land of slavery" (Deuteronomy 6:10–12). The second: "When you have eaten and are satisfied, bless the LORD your God for the good land He has given you." That is the choice: to eat and forget, or to eat and remember. Giving thanks is what saves us from the decadence of affluence.

SE'UDA SHELISHIT: THE THIRD SHABBAT MEAL

Special significance is attached to the third Shabbat meal, the "extra" meal that forms the last movement of the sonata of the day. The Talmud (*Shabbat* 118a) says that those who celebrate it are granted special merit and are spared the birth pangs of the messianic age.

The tempo is adagio, slow and expressive; the mood one of intimacy. The *Shekhina* is almost palpable. The song of creation with which Shabbat began, has given way to the gentle sound of soul touching soul. Especial prominence is given to Psalm 23, "The LORD is my Shepherd," the greatest short poem of faith in any language, and *Yedid Nefesh* ("Beloved of the soul"), composed by Rabbi Eliezer Azikri in Safed in the sixteenth century, the most passionate religious love song since the Song of Songs.

HAVDALA

Havdala constitutes the second part of the command to "sanctify" Shabbat by "remembering" it at its beginning and end with a blessing said over wine.

It includes a blessing over light, made over a special braided candle. According to tradition (*Midrash Tehilim* 92:4), the first humans, created on the sixth day, sinned by eating the forbidden fruit and were sentenced to exile from the Garden of Eden. God granted them a stay of sentence for one day, Shabbat itself. That day, the sun did not set, and they experienced a day of harmony and paradise.

As the day drew to a close and darkness began to fall, Adam and Eve felt the double fear of night and exile. God then showed them how to make fire. Thus the human story began, as did creation itself, with the creation of light. Havdala recalls this in another way as well, in the blessing over spices that restore the soul, as God restored the soul of the first two humans when they began their risk-laden journey into secular space and time.

Havdala contains a further parallel with the beginning of time. The root of *havdala*, *b-d-l*, meaning "to distinguish, separate," occurs five times in the first chapter of Genesis. The Havdala blessing recapitulates this with its four distinctions (sacred/secular; light/dark; Israel/the nations; and sacred/secular time) plus the conclusion. Thus we begin the week, as Adam and Eve began the story, with the divine mandate to imitate God, creating order out of chaos by making distinctions.

These are simple prayers and poems, yet the truth to which they testify is large. God lives in simple things: light, wine, bread, love, family, hospitality and gratitude. God fills the space we create for Him, and the way to do so is by opening our hearts and minds.

Jonathan Sacks
London, 5770 (2010)

ליל שבת

SHABBAT EVENING

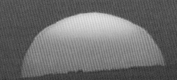

CANDLE LIGHTING

On Erev Shabbat that is not a Yom Tov, cover the eyes
with the hands after lighting the candles, and say:

בָּרוּךְ Blessed are You, Lᴏʀᴅ our God, King of the Universe,
who has made us holy through His commandments,
and has commanded us to light the Sabbath light.

On Erev Yom Tov, say the following blessing and then light
the candles from an existing flame. If also Shabbat, cover the
eyes with the hands after lighting the candles and say the
following blessing, adding the words in parentheses.

בָּרוּךְ Blessed are You, Lᴏʀᴅ our God, King of the Universe,
who has made us holy through His commandments,
and has commanded us to light (the Sabbath light and) the
festival light.

The blessing "Sheheḥeyanu" ("Who has given us life") is said on Yom Tov
evenings, except on the last evenings (in Israel, the last evening) of Pesaḥ.

בָּרוּךְ Blessed are You, Lᴏʀᴅ our God, King of the Universe,
who has given us life, sustained us, and brought us to this
time.

On Erev Yom Kippur, cover the eyes with the hands after lighting
the candles, and say (on Shabbat add the words in parentheses):

בָּרוּךְ Blessed are You, Lᴏʀᴅ our God, King of the Universe,
who has made us holy through His commandments,
and has commanded us to light (the Sabbath light and)
the light of the Day of Atonement.

בָּרוּךְ Blessed are You, Lᴏʀᴅ our God, King of the Universe,
who has given us life, sustained us, and brought us to this
time.

הדלקת נרות לשבת ויום טוב

On ערב שבת *that is not a* יום טוב, *cover the eyes with the hands after lighting the candles, and say:*

בָּרוּךְ אַתָּה יהוה אֱלֹהֵינוּ מֶלֶךְ הָעוֹלָם
אֲשֶׁר קִדְּשָׁנוּ בְּמִצְוֹתָיו, וְצִוָּנוּ לְהַדְלִיק נֵר שֶׁל שַׁבָּת.

On ערב יום טוב, *say the following blessing and then light the candles from an existing flame. If also* שבת, *cover the eyes with the hands after lighting the candles and say the following blessing, adding the words in parentheses.*

בָּרוּךְ אַתָּה יהוה אֱלֹהֵינוּ מֶלֶךְ הָעוֹלָם
אֲשֶׁר קִדְּשָׁנוּ בְּמִצְוֹתָיו, וְצִוָּנוּ לְהַדְלִיק נֵר
שֶׁל (שַׁבָּת וְשֶׁל) יוֹם טוֹב.

The blessing שֶׁהֶחֱיָנוּ *is said on* יום טוב *evenings, except on the last evenings* (in ארץ ישראל, *the last evening*) of פסח.

בָּרוּךְ אַתָּה יהוה אֱלֹהֵינוּ מֶלֶךְ הָעוֹלָם
שֶׁהֶחֱיָנוּ וְקִיְּמָנוּ, וְהִגִּיעָנוּ לַזְּמַן הַזֶּה.

On ערב יום כיפור, *cover the eyes with the hands after lighting the candles, and say* (on שבת *add the words in parentheses*):

בָּרוּךְ אַתָּה יהוה אֱלֹהֵינוּ מֶלֶךְ הָעוֹלָם
אֲשֶׁר קִדְּשָׁנוּ בְּמִצְוֹתָיו, וְצִוָּנוּ לְהַדְלִיק נֵר
שֶׁל (שַׁבָּת וְשֶׁל) יוֹם הַכִּפּוּרִים.

בָּרוּךְ אַתָּה יהוה אֱלֹהֵינוּ מֶלֶךְ הָעוֹלָם
שֶׁהֶחֱיָנוּ וְקִיְּמָנוּ, וְהִגִּיעָנוּ לַזְּמַן הַזֶּה.

Some add:

יְהִי רָצוֹן מִלְּפָנֶיךָ יהוה אֱלֹהֵינוּ וֵאלֹהֵי אֲבוֹתֵינוּ, שֶׁיִּבָּנֶה בֵּית הַמִּקְדָּשׁ בִּמְהֵרָה
בְיָמֵינוּ, וְתֵן חֶלְקֵנוּ בְּתוֹרָתֶךָ, וְשָׁם נַעֲבָדְךָ בְּיִרְאָה כִּימֵי עוֹלָם וּכְשָׁנִים קַדְמֹנִיּוֹת.
מלאכי ג וְעָרְבָה לַיהוה מִנְחַת יְהוּדָה וִירוּשָׁלָםִ כִּימֵי עוֹלָם וּכְשָׁנִים קַדְמֹנִיּוֹת:

Prayer after candlelighting (add the words in parentheses as appropriate):

יְהִי רָצוֹן מִלְּפָנֶיךָ יהוה אֱלֹהַי וֵאלֹהֵי אֲבוֹתַי, שֶׁתְּחוֹנֵן אוֹתִי (וְאֶת אִישִׁי / וְאֶת אָבִי / וְאֶת אִמִּי / וְאֶת בָּנַי וְאֶת בְּנוֹתַי) וְאֶת כָּל קְרוֹבַי, וְתִתֶּן לָנוּ וּלְכָל יִשְׂרָאֵל חַיִּים טוֹבִים וַאֲרֻכִּים, וְתִזְכְּרֵנוּ בְּזִכְרוֹן טוֹבָה וּבְרָכָה, וְתִפְקְדֵנוּ בִּפְקֻדַּת יְשׁוּעָה וְרַחֲמִים, וּתְבָרְכֵנוּ בְּרָכוֹת גְּדוֹלוֹת, וְתַשְׁלִים בָּתֵּינוּ וְתַשְׁכֵּן שְׁכִינָתְךָ בֵּינֵינוּ. וְזַכֵּנִי לְגַדֵּל בָּנִים וּבְנֵי בָנִים חֲכָמִים וּנְבוֹנִים, אוֹהֲבֵי יהוה יִרְאֵי אֱלֹהִים, אַנְשֵׁי אֱמֶת זֶרַע קֹדֶשׁ, בַּיהוה דְּבֵקִים וּמְאִירִים אֶת הָעוֹלָם בַּתּוֹרָה וּבְמַעֲשִׂים טוֹבִים וּבְכָל מְלֶאכֶת עֲבוֹדַת הַבּוֹרֵא. אָנָּא שְׁמַע אֶת תְּחִנָּתִי בָּעֵת הַזֹּאת בִּזְכוּת שָׂרָה וְרִבְקָה וְרָחֵל וְלֵאָה אִמּוֹתֵינוּ, וְהָאֵר נֵרֵנוּ שֶׁלֹּא יִכְבֶּה לְעוֹלָם וָעֶד, וְהָאֵר פָּנֶיךָ וְנִוָּשֵׁעָה. אָמֵן.

Some add:

יְהִי May it be Your will, Lord our God and God of our ancestors, that the Temple be speedily rebuilt in our days, and grant us our share in Your Torah. And may we serve You there in reverence, as in the days of old and as in former years. Then the offering of Judah and Jerusalem will be pleasing to the Lord as in the days of old and as in former years.

Prayer after candlelighting (add the words in parentheses as appropriate):

יְהִי May it be Your will, Lord my God and God of my forebears, that You give me grace – me (and my husband/and my father/and my mother/and my sons and my daughters) and all those close to me, and give us and all Israel good and long lives. And remember us with a memory that brings goodness and blessing; come to us with compassion and bless us with great blessings. Build our homes until they are complete, and allow Your Presence to live among us. And may I merit to raise children and grandchildren, each one wise and understanding, loving the Lord and in awe of God, people of truth, holy children, who will cling to the Lord and light up the world with Torah and with good actions, and with all the kinds of work that serve the Creator. Please, hear my pleading at this time, by the merit of Sarah and Rebecca, Rachel and Leah our mothers, and light our candle that it should never go out, and light up Your face, so that we shall be saved, Amen.

ברכת הבנים

On ליל שבת *and* ערב יום טוב*, many have the custom to bless their children.*

To sons, say:

יְשִׂמְךָ אֱלֹהִים כְּאֶפְרַיִם וְכִמְנַשֶּׁה: בראשית מח

To daughters, say:

יְשִׂימֵךְ אֱלֹהִים כְּשָׂרָה רִבְקָה רָחֵל וְלֵאָה.

יְבָרֶכְךָ יהוה וְיִשְׁמְרֶךָ: יָאֵר יהוה פָּנָיו אֵלֶיךָ וִיחֻנֶּךָּ: במדבר ו
יִשָּׂא יהוה פָּנָיו אֵלֶיךָ וְיָשֵׂם לְךָ שָׁלוֹם:

BLESSING THE CHILDREN

On the evenings of Shabbat and Yom Tov, many have the custom to bless their children.

To sons, say:

יְשִׂמְךָ May God make you
like Ephraim
and Manasseh.

To daughters, say:

יְשִׂימֵךְ May God make you
like Sarah, Rebecca,
Rachel and Leah.

יְבָרֶכְךָ May the Lord bless you and protect you.
May the Lord make His face shine on you and be gracious to you.
May the Lord turn His face toward you and grant you peace.

Many people sing each of the four verses of
the following song three times:

שָׁלוֹם עֲלֵיכֶם Welcome,
ministering angels, angels of the Most High,
from the Supreme King of kings,
the Holy One, blessed be He.

Enter in peace,
angels of peace, angels of the Most High,
from the Supreme King of kings,
the Holy One, blessed be He.

Bless me with peace,
angels of peace, angels of the Most High,
from the Supreme King of kings,
the Holy One, blessed be He.

Go in peace,
angels of peace, angels of the Most High,
from the Supreme King of kings,
the Holy One, blessed be He.

כִּי מַלְאָכָיו He will command His angels about you,
        to guard you in all your ways.
May the LORD guard your going out and your return,
        from now and for all time.

*Many people sing each of the four verses of
the following song three times:*

שָׁלוֹם עֲלֵיכֶם
מַלְאֲכֵי הַשָּׁרֵת, מַלְאֲכֵי עֶלְיוֹן
מִמֶּלֶךְ מַלְכֵי הַמְּלָכִים, הַקָּדוֹשׁ בָּרוּךְ הוּא.

בּוֹאֲכֶם לְשָׁלוֹם
מַלְאֲכֵי הַשָּׁלוֹם, מַלְאֲכֵי עֶלְיוֹן
מִמֶּלֶךְ מַלְכֵי הַמְּלָכִים, הַקָּדוֹשׁ בָּרוּךְ הוּא.

בָּרְכוּנִי לְשָׁלוֹם
מַלְאֲכֵי הַשָּׁלוֹם, מַלְאֲכֵי עֶלְיוֹן
מִמֶּלֶךְ מַלְכֵי הַמְּלָכִים, הַקָּדוֹשׁ בָּרוּךְ הוּא.

צֵאתְכֶם לְשָׁלוֹם
מַלְאֲכֵי הַשָּׁלוֹם, מַלְאֲכֵי עֶלְיוֹן
מִמֶּלֶךְ מַלְכֵי הַמְּלָכִים, הַקָּדוֹשׁ בָּרוּךְ הוּא.

תהלים צא   כִּי מַלְאָכָיו יְצַוֶּה־לָּךְ, לִשְׁמָרְךָ בְּכָל־דְּרָכֶיךָ:
תהלים קכא   יהוה יִשְׁמָר־צֵאתְךָ וּבוֹאֶךָ, מֵעַתָּה וְעַד־עוֹלָם:

Some say:

רִבּוֹן כָּל הָעוֹלָמִים Master of all worlds, LORD of all souls, LORD of peace, mighty, blessed and great King, King who speaks peace, King who is glorious, enduring and pure, King who gives life to worlds, King who is good and does good, King alone and unique, great King who robes Himself in compassion, King who reigns over all kings, who is exalted and supports those who fall, King who is Author of creation, who redeems and rescues, who is radiant and ruddy, King who is holy, high and exalted, King who hears prayer, King whose way is just: I thank You, LORD my God and God of my ancestors, for all the loving-kindness You have done and will do for me, and all the members of my household and all my fellow creatures. Blessed are Your angels, holy and pure, who do Your will. LORD of peace, King to whom peace belongs, bless me with peace, and grant me and the members of my household, and all Your people the house of Israel, a good and peaceful life. King exalted over all the heavenly array, who formed me and who formed creation, I entreat Your radiant presence, that You find me and all the members of my household worthy of grace and good favor in Your eyes and the eyes of all people and all who see us, that we may serve You. May we be worthy to receive Sabbaths amidst great joy, wealth and honor, and few sins. May You remove from me and all the members of my household and all Your people the house of Israel all sickness and disease, all poverty, hardship and destitution. Grant us a virtuous desire to serve You in truth, awe and love. May we find honor in Your eyes and the eyes of all who see us, for You are the King of honor: to You it belongs, to You it accords. Please, King who reigns over all kings, command Your angels, ministering angels who minister to the Most High, to act compassionately toward me when they enter my house on our holy day, for I have lit my lights, spread my couch and changed my clothes in honor of the Sabbath; I have come to Your House to lay my pleas before You that You remove my sighs; I have testified that in six days You created all things, and said it a second time, and will testify to it a third time over my cup, in joy, as You commanded me to remember it, delighting in the extra soul You have given me. On it [the Sabbath] I shall rest as You have commanded me, thereby to serve You. So too I will declare Your greatness in joyful song, for I have set the LORD before me, that You may have compassion upon me in my exile, redeeming me and awakening my heart to Your love. Then I will keep Your commands and statutes without sadness, praying correctly as is right and fitting. Angels of peace, come in peace and bless me with peace; declare blessed the table I have prepared, and go in peace, now and forever. Amen, Selah.

Some say:

רִבּוֹן כָּל הָעוֹלָמִים, אֲדוֹן כָּל הַנְּשָׁמוֹת, אֲדוֹן הַשָּׁלוֹם. מֶלֶךְ אַבִּיר, מֶלֶךְ בָּרוּךְ, מֶלֶךְ גָּדוֹל, מֶלֶךְ דּוֹבֵר שָׁלוֹם, מֶלֶךְ הָדוּר, מֶלֶךְ וָתִיק, מֶלֶךְ זַךְ, מֶלֶךְ חֵי הָעוֹלָמִים, מֶלֶךְ טוֹב וּמֵטִיב, מֶלֶךְ יָחִיד וּמְיֻחָד, מֶלֶךְ כַּבִּיר, מֶלֶךְ לוֹבֵשׁ רַחֲמִים, מֶלֶךְ מַלְכֵי הַמְּלָכִים, מֶלֶךְ נִשְׂגָּב, מֶלֶךְ סוֹמֵךְ נוֹפְלִים, מֶלֶךְ עֹשֶׂה מַעֲשֵׂה בְרֵאשִׁית, מֶלֶךְ פּוֹדֶה וּמַצִּיל, מֶלֶךְ צַח וְאָדֹם, מֶלֶךְ קָדוֹשׁ, מֶלֶךְ רָם וְנִשָּׂא, מֶלֶךְ שׁוֹמֵעַ תְּפִלָּה, מֶלֶךְ תָּמִים דַּרְכּוֹ. מוֹדֶה אֲנִי לְפָנֶיךָ, יהוה אֱלֹהַי וֵאלֹהֵי אֲבוֹתַי, עַל כָּל הַחֶסֶד אֲשֶׁר עָשִׂיתָ עִמָּדִי וַאֲשֶׁר אַתָּה עָתִיד לַעֲשׂוֹת עִמִּי וְעִם כָּל בְּנֵי בֵיתִי וְעִם כָּל בְּרִיּוֹתֶיךָ, בְּנֵי בְרִיתִי. וּבְרוּכִים הֵם מַלְאָכֶיךָ הַקְּדוֹשִׁים וְהַטְּהוֹרִים שֶׁעוֹשִׂים רְצוֹנֶךָ. אֲדוֹן הַשָּׁלוֹם, מֶלֶךְ שֶׁהַשָּׁלוֹם שֶׁלּוֹ, בָּרְכֵנִי בַשָּׁלוֹם, וְתִפְקֹד אוֹתִי וְאֶת כָּל בְּנֵי בֵיתִי וְכָל עַמְּךָ בֵּית יִשְׂרָאֵל לְחַיִּים טוֹבִים וּלְשָׁלוֹם. מֶלֶךְ עֶלְיוֹן עַל כָּל צְבָא מָרוֹם, יוֹצְרֵנוּ, יוֹצֵר בְּרֵאשִׁית, אֲחַלֶּה פָנֶיךָ הַמְּאִירִים, שֶׁתְּזַכֶּה אוֹתִי וְאֶת כָּל בְּנֵי בֵיתִי לִמְצֹא חֵן וְשֵׂכֶל טוֹב בְּעֵינֶיךָ וּבְעֵינֵי כָּל בְּנֵי אָדָם וּבְעֵינֵי כָל רוֹאֵינוּ לַעֲבוֹדָתֶךָ. וְזַכֵּנוּ לְקַבֵּל שַׁבָּתוֹת מִתּוֹךְ רֹב שִׂמְחָה וּמִתּוֹךְ עֹשֶׁר וְכָבוֹד וּמִתּוֹךְ מִעוּט עֲוֹנוֹת. וְהָסֵר מִמֶּנִּי וּמִכָּל בְּנֵי בֵיתִי וּמִכָּל עַמְּךָ בֵּית יִשְׂרָאֵל כָּל מִינֵי חֹלִי וְכָל מִינֵי מַדְוֶה וְכָל מִינֵי דַלּוּת וַעֲנִיּוּת וְאֶבְיוֹנוּת. וְתֵן בָּנוּ יֵצֶר טוֹב לְעָבְדְּךָ בֶּאֱמֶת וּבְיִרְאָה וּבְאַהֲבָה. וְנִהְיֶה מְכֻבָּדִים בְּעֵינֶיךָ וּבְעֵינֵי כָל רוֹאֵינוּ, כִּי אַתָּה הוּא מֶלֶךְ הַכָּבוֹד, כִּי לְךָ נָאֶה, כִּי לְךָ יָאֶה. אָנָּא, מֶלֶךְ מַלְכֵי הַמְּלָכִים, צַוֵּה לְמַלְאָכֶיךָ, מַלְאֲכֵי הַשָּׁרֵת, מְשָׁרְתֵי עֶלְיוֹן, שֶׁיִּפְקְדוּנִי בְּרַחֲמִים וִיבָרְכוּנִי בְּבוֹאָם לְבֵיתִי בְּיוֹם קָדְשֵׁנוּ, כִּי הִדְלַקְתִּי נֵרוֹתַי וְהִצַּעְתִּי מִטָּתִי וְהֶחֱלַפְתִּי שִׂמְלוֹתַי לִכְבוֹד יוֹם הַשַּׁבָּת וּבָאתִי לְבֵיתְךָ לְהַפִּיל תְּחִנָּתִי לְפָנֶיךָ, שֶׁתַּעֲבִיר אַנְחָתִי, וָאָעִיד אֲשֶׁר בָּרָאתָ בְשִׁשָּׁה יָמִים כָּל הַיְצוּר, וָאֶשְׁנֶה, וַאֲשַׁלֵּשׁ עוֹד לְהָעִיד עַל כּוֹסִי בְּתוֹךְ שִׂמְחָתִי, כַּאֲשֶׁר צִוִּיתַנִי לְזָכְרוֹ וּלְהִתְעַנֵּג בְּיֶתֶר נִשְׁמָתִי, אֲשֶׁר נָתַתָּ בִּי. בּוֹ אֶשְׁבֹּת כַּאֲשֶׁר צִוִּיתַנִי לְשָׁרְתֶךָ, וְכֵן אַגִּיד גְּדֻלָּתְךָ בְּרִנָּה, וְשִׁוִּיתִי יהוה לִקְרָאתִי שֶׁתְּרַחֲמֵנִי עוֹד בְּגָלוּתִי לְגָאֳלֵנִי לְעוֹרֵר לִבִּי לְאַהֲבָתֶךָ. וְאָז אֶשְׁמֹר פִּקּוּדֶיךָ וְחֻקֶּיךָ בְּלִי עֶצֶב, וְאֶתְפַּלֵּל כַּדָּת כָּרָאוּי וְכַנָּכוֹן. מַלְאֲכֵי הַשָּׁלוֹם, בּוֹאֲכֶם לְשָׁלוֹם, בָּרְכוּנִי לְשָׁלוֹם, וְאִמְרוּ בָּרוּךְ לְשֻׁלְחָנִי הֶעָרוּךְ, וְצֵאתְכֶם לְשָׁלוֹם מֵעַתָּה וְעַד עוֹלָם, אָמֵן סֶלָה.

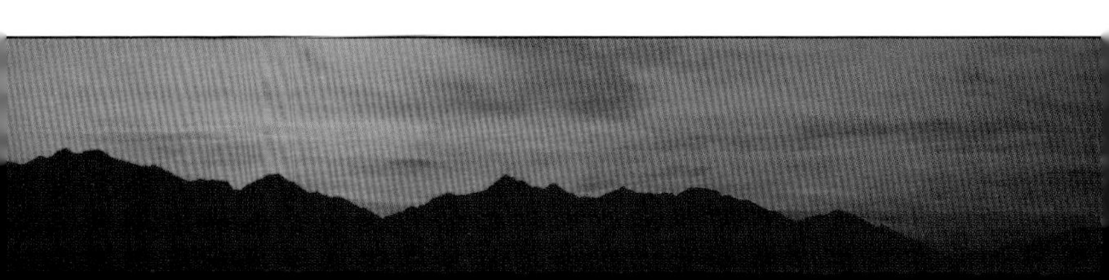

אֵשֶׁת־חַיִל A woman of strength, who can find? Her worth is far beyond pearls.

Her husband's heart trusts in her, and he has no lack of gain.

She brings him good, not harm, all the days of her life.

She seeks wool and linen, and works with willing hands.

She is like a ship laden with merchandise, bringing her food from afar.

She rises while it is still night, providing food for her household, portions for her maids.

She considers a field and buys it; from her earnings she plants a vineyard.

She girds herself with strength, and braces her arms for her tasks.

She sees that her business goes well; her lamp does not go out at night.

She holds the distaff in her hand, and grasps the spindle with her palms.

She reaches out her palm to the poor, and extends her hand to the needy.

She has no fear for her family when it snows, for all her household is clothed in crimson wool.

She makes elegant coverings; her clothing is fine linen and purple wool.

Her husband is well known in the gates,
where he sits with the elders of the land.

She makes linen garments and sells them, and supplies merchants with sashes.

She is clothed with strength and dignity; she can laugh at the days to come.

She opens her mouth with wisdom,
and the law of kindness is on her tongue.

She watches over the ways of her household,
and never eats the bread of idleness.

Her children rise and call her happy; her husband also praises her:

"Many women have excelled, but you surpass them all."

Charm is deceptive and beauty vain:
it is the God-fearing woman who deserves praise.

Give her the reward she has earned;
let her deeds bring her praise in the gates.

משלי לא

אֵשֶׁת־חַיִל מִי יִמְצָא, וְרָחֹק מִפְּנִינִים מִכְרָהּ:

בָּטַח בָּהּ לֵב בַּעְלָהּ, וְשָׁלָל לֹא יֶחְסָר:

גְּמָלַתְהוּ טוֹב וְלֹא־רָע, כֹּל יְמֵי חַיֶּיהָ:

דָּרְשָׁה צֶמֶר וּפִשְׁתִּים, וַתַּעַשׂ בְּחֵפֶץ כַּפֶּיהָ:

הָיְתָה כָּאֳנִיּוֹת סוֹחֵר, מִמֶּרְחָק תָּבִיא לַחְמָהּ:

וַתָּקָם בְּעוֹד לַיְלָה, וַתִּתֵּן טֶרֶף לְבֵיתָהּ, וְחֹק לְנַעֲרֹתֶיהָ:

זָמְמָה שָׂדֶה וַתִּקָּחֵהוּ, מִפְּרִי כַפֶּיהָ נָטְעָ כָּרֶם:

חָגְרָה בְעוֹז מָתְנֶיהָ, וַתְּאַמֵּץ זְרוֹעֹתֶיהָ:

טָעֲמָה כִּי־טוֹב סַחְרָהּ, לֹא־יִכְבֶּה בַלַּיְלָ נֵרָהּ:

יָדֶיהָ שִׁלְּחָה בַכִּישׁוֹר, וְכַפֶּיהָ תָּמְכוּ פָלֶךְ:

כַּפָּהּ פָּרְשָׂה לֶעָנִי, וְיָדֶיהָ שִׁלְּחָה לָאֶבְיוֹן:

לֹא־תִירָא לְבֵיתָהּ מִשָּׁלֶג, כִּי כָל־בֵּיתָהּ לָבֻשׁ שָׁנִים:

מַרְבַדִּים עָשְׂתָה־לָּהּ, שֵׁשׁ וְאַרְגָּמָן לְבוּשָׁהּ:

נוֹדָע בַּשְּׁעָרִים בַּעְלָהּ, בְּשִׁבְתּוֹ עִם־זִקְנֵי־אָרֶץ:

סָדִין עָשְׂתָה וַתִּמְכֹּר, וַחֲגוֹר נָתְנָה לַכְּנַעֲנִי:

עוֹז־וְהָדָר לְבוּשָׁהּ, וַתִּשְׂחַק לְיוֹם אַחֲרוֹן:

פִּיהָ פָּתְחָה בְחָכְמָה, וְתוֹרַת־חֶסֶד עַל־לְשׁוֹנָהּ:

צוֹפִיָּה הֲלִיכוֹת בֵּיתָהּ, וְלֶחֶם עַצְלוּת לֹא תֹאכֵל:

קָמוּ בָנֶיהָ וַיְאַשְּׁרוּהָ, בַּעְלָהּ וַיְהַלְלָהּ:

רַבּוֹת בָּנוֹת עָשׂוּ חָיִל, וְאַתְּ עָלִית עַל־כֻּלָּנָה:

שֶׁקֶר הַחֵן וְהֶבֶל הַיֹּפִי, אִשָּׁה יִרְאַת־יהוה הִיא תִתְהַלָּל:

תְּנוּ־לָהּ מִפְּרִי יָדֶיהָ, וִיהַלְלוּהָ בַשְּׁעָרִים מַעֲשֶׂיהָ:

Some say:

אַתְקִינוּ סְעוּדָתָא Prepare the feast of perfect faith, joy of the holy King. Prepare the royal feast.

This is the feast [mystically known as] "the Field of Holy Apples" – and "the Small Face" and "the Holy Ancient One" [mystical terms for aspects of the Divine] come to partake in the feast with it.

With songs of praise I will cut away [evil forces] / to enter the holy gates of "the Field of Apples." / We now invite Her [the Divine Presence] with a newly prepared table / and a fine candelabrum spreading light upon our heads. / Between right and left is the bride / decked with jewelry, / adorned and robed. / Her husband embraces her / and in the joy of their togetherness / [evil forces] are crushed. / Cries and suffering stop and cease; / a new face comes upon spirits and souls. / She will have great and doubled joy; / light will come / and bounteous blessing. / Come near / dear friends, / and prepare delicacies of many kinds, / and fish and fowl. / Renewing souls and spirits through the thirty-two [paths of wisdom] / and the three branches [of Scripture]. / She [the Divine Presence] has seventy crowns, / and above / the King is crowned with all in the Holy of Holies. / Engraved and hidden within her are all worlds, / but the pestle of the Ancient of Days releases all that is hidden. / May it be His will that the Divine Presence rest on His people who, / for His name's sake, / delight in sweet foods and honey. / To the south / I will arrange the candelabrum of hidden [wisdom]; / to the north I will set the table with bread. / With wine in the cup / and myrtle clusters for bridegroom and bride, / the weak will be given strength. / Let us make them crowns of precious words, / seventy crowns beyond the fifty. / May the Divine Presence be crowned with six loaves on each side / like / the two sets of six loaves [of showbread] and other articles [in the Temple]. / [On the Sabbath] impure powers and afflicting angels cease and desist, / and those who are confined have respite. / To break bread the size of an olive or an egg, / for there are two ways of interpreting the yod [of the Divine name], / restrictively or expansively. / It is like pure olive oil / pressed in a mill, / flowing like rivers, / whispering secrets. / Let us speak of mysteries, / secrets unrevealed, / hidden and concealed. / To crown the bride with mysteries above, / at this / the holy angels' wedding celebration.

Some say:

אַתְקִינוּ סְעוּדְתָא דִמְהֵימְנוּתָא שְׁלִימְתָא
חֶדְוְתָא דְמַלְכָּא קַדִּישָׁא.
אַתְקִינוּ סְעוּדְתָא דְמַלְכָּא.

דָּא הִיא סְעוּדְתָא דַחֲקַל תַּפּוּחִין קַדִּישִׁין
וּזְעֵיר אַנְפִּין וְעַתִּיקָא קַדִּישָׁא אָתַיִן לְסַעֲדָה בַּהֲדַהּ.

אֲזַמֵּר בִּשְׁבָחִין / לְמֶעַל גּוֹ פִתְחִין / דְּבַחֲקַל תַּפּוּחִין / דְּאִנּוּן קַדִּישִׁין.
נְזַמֵּן לַהּ הַשְׁתָּא / בְּפָתוֹרָא חַדְתָּא / וּבִמְנַרְתָּא טַבְתָּא / דְּנָהֲרָה עַל רֵישִׁין.
יְמִינָא וּשְׂמָאלָא / וּבֵינַיְהוּ כַלָּה / בְּקִשּׁוּטִין אָזְלָא / וּמָנִין וּלְבוּשִׁין.
יְחַבֵּק לַהּ בַּעְלָהּ / וּבִיסוֹדָא דִי לַהּ / דְּעָבֵד נְיָחָא לַהּ / יְהֵא כָתֵשׁ כְּתִישִׁין.
צְוָחִין אוּף עָקְתִין / בְּטִילִין וּשְׁבִיתִין / בְּרַם אַנְפִּין חַדְתִּין / וְרוּחִין עִם נַפְשִׁין.
חֲדוּ סַגִּי יֵיתֵי / וְעַל חֲדָה תַרְתֵּי / נְהוֹרָא לַהּ יַמְטֵי / וּבִרְכָן דִּנְפִישִׁין.
קְרִיבוּ שׁוֹשְׁבִינִין / עֲבִידוּ תִקּוּנִין / לְאַפָּשָׁה זֵינִין / וְנוּנִין עִם רַחְשִׁין.
לְמֶעְבַּד נִשְׁמָתִין / וְרוּחִין חַדְתִּין / בְּתַרְתֵּי וּתְלָתִין / וּבִתְלָתָא שִׁבְשִׁין.
וְעִטְרִין שַׁבְעִין לַהּ / וּמַלְכָּא דִלְעֵלָּא / דְּיִתְעַטַּר כֹּלָּא / בְּקַדִּישׁ קַדִּישִׁין.
רְשִׁימִין וּסְתִימִין / בְּגַוַּהּ כָּל עָלְמִין / בְּרַם עַתִּיק יוֹמִין / הֲלָא בָטֵשׁ בְּטִישִׁין.
יְהֵא רַעֲוָה קַמֵּהּ / דְּתִשְׁרֵי עַל עַמֵּהּ / דְּיִתְעַנַּג לִשְׁמֵהּ / בְּמִתְקִין וְדֻבְשִׁין.
אֲסַדֵּר לִדְרוֹמָא / מְנָרְתָא דִסְתִימָא / וְשֻׁלְחָן עִם נַהֲמָא / בְּצִפּוּנָא אַדְשִׁין.
בְּחַמְרָא גוֹ כָסָא / וּמַדָּנֵי אָסָא / לְאָרוּס וַאֲרוּסָה / לְאַתְקָפָא חַלָּשִׁין.
נְעַבֵּד לוֹן כִּתְרִין / בְּמִלִּין יַקִּירִין / בְּשַׁבְעִין עִטּוּרִין / דְּעַל גַּבֵּי חַמְשִׁין.
שְׁכִינְתָא תִתְעַטַּר / בְּשִׁית נַהֲמֵי לִסְטַר / בְּוָוִין תִּתְקַטַּר / וְזֵינִין דִּכְנִישִׁין.
(שְׁבִיתִין וּשְׁבִיקִין / מְסַאְבִין דְּדָחֲקִין / חֲבִילִין דִּמְעִיקִין / וְכָל זֵינֵי חַרְשִׁין.)
לְמִבְצַע עַל רִיפְתָּא / כְּזֵיתָא וּכְבֵיעְתָא / תְּרֵין יוּדִין נָקְטָא / סְתִימִין וּפְרִישִׁין.
מְשַׁח זֵיתָא דָכְיָא / דְּטָחֲנִין רֵיחַיָּא / וְנָגְדִין נַחְלַיָּא / בְּגַוַּהּ בִּלְחִישִׁין.
הֲלָא נֵימָא רָזִין / וּמִלִּין דִּגְנִיזִין / דְּלֵיתֵיהוֹן מִתְחֲזִין / טְמִירִין וּכְבִישִׁין.
לְאַעְטָרָה כַלָּה / בְּרָזִין דִּלְעֵלָּא / בְּגוֹ הַאי הִלּוּלָה / דְּעִירִין קַדִּישִׁין.

KIDDUSH FOR SHABBAT EVENING

For Kiddush on Yom Tov see page 34.

Quietly: And it was evening, and it was morning –
יוֹם הַשִּׁשִּׁי the sixth day.
Then the heavens and the earth were completed, and all their array.
With the seventh day, God completed the work He had done.
He ceased on the seventh day from all the work He had done.
God blessed the seventh day and declared it holy,
because on it He ceased from all His work He had created to do.

When saying Kiddush for others, add:
Please pay attention, my masters.
Blessed are You, Lord our God, King of the Universe,
who creates the fruit of the vine.

קידוש לליל שבת

For קידוש *on* יום טוב *see page 35.*

בראשית א   Quietly וַיְהִי־עֶרֶב וַיְהִי בֹקֶר

יוֹם הַשִּׁשִּׁי:

בראשית ב   וַיְכֻלּוּ הַשָּׁמַיִם וְהָאָרֶץ וְכָל־צְבָאָם:

וַיְכַל אֱלֹהִים בַּיּוֹם הַשְּׁבִיעִי מְלַאכְתּוֹ אֲשֶׁר עָשָׂה

וַיִּשְׁבֹּת בַּיּוֹם הַשְּׁבִיעִי מִכָּל־מְלַאכְתּוֹ אֲשֶׁר עָשָׂה:

וַיְבָרֶךְ אֱלֹהִים אֶת־יוֹם הַשְּׁבִיעִי, וַיְקַדֵּשׁ אֹתוֹ

כִּי בוֹ שָׁבַת מִכָּל־מְלַאכְתּוֹ, אֲשֶׁר־בָּרָא אֱלֹהִים, לַעֲשׂוֹת:

When saying קידוש *for others, add:*

סַבְרִי מָרָנָן

בָּרוּךְ אַתָּה יהוה אֱלֹהֵינוּ מֶלֶךְ הָעוֹלָם

בּוֹרֵא פְּרִי הַגָּפֶן.

Blessed are You, LORD our God, King of the Universe,
who has made us holy through His commandments,
who has favored us,
and in love and favor gave us His holy Sabbath as a heritage,
a remembrance of the work of creation.
It is the first among the holy days of assembly,
a remembrance of the exodus from Egypt.
For You chose us and sanctified us from all the peoples,
and in love and favor gave us Your holy Sabbath as a heritage.
Blessed are You, LORD, who sanctifies the Sabbath.

On Shabbat Ḥol HaMo'ed Sukkot, if Kiddush is made in the sukka, add:

Blessed are You, LORD our God, King of the Universe,
who has made us holy through His commandments
and has commanded us to dwell in the sukka.

It is customary for all present to drink of the wine.

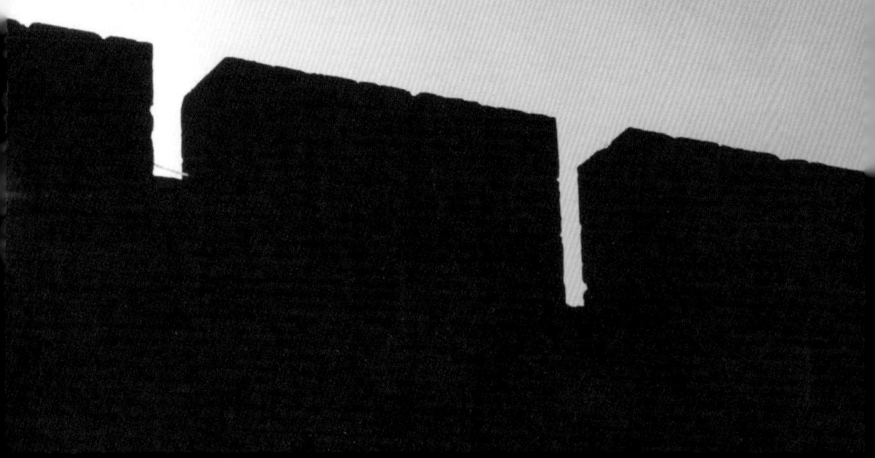

בָּרוּךְ אַתָּה יהוה אֱלֹהֵינוּ מֶלֶךְ הָעוֹלָם
אֲשֶׁר קִדְּשָׁנוּ בְּמִצְוֹתָיו, וְרָצָה בָנוּ
וְשַׁבַּת קָדְשׁוֹ בְּאַהֲבָה וּבְרָצוֹן הִנְחִילָנוּ
זִכָּרוֹן לְמַעֲשֵׂה בְרֵאשִׁית
כִּי הוּא יוֹם תְּחִלָּה לְמִקְרָאֵי קֹדֶשׁ, זֵכֶר לִיצִיאַת מִצְרָיִם
כִּי בָנוּ בָחַרְתָּ וְאוֹתָנוּ קִדַּשְׁתָּ מִכָּל הָעַמִּים
וְשַׁבַּת קָדְשְׁךָ בְּאַהֲבָה וּבְרָצוֹן הִנְחַלְתָּנוּ.

בָּרוּךְ אַתָּה יהוה, מְקַדֵּשׁ הַשַּׁבָּת.

On שבת חול המועד סוכות*, if* קידוש *is made in the* סוכה*, add:*

בָּרוּךְ אַתָּה יהוה אֱלֹהֵינוּ מֶלֶךְ הָעוֹלָם
אֲשֶׁר קִדְּשָׁנוּ בְּמִצְוֹתָיו, וְצִוָּנוּ לֵישֵׁב בַּסֻּכָּה.

It is customary for all present to drink of the wine.

KIDDUSH FOR YOM TOV EVENINGS

On Shabbat add:

quietly: And it was evening, and it was morning –
יוֹם הַשִּׁשִּׁי the sixth day.

Then the heavens and the earth were completed,
and all their array.
With the seventh day, God completed the work He had done.
He ceased on the seventh day from all the work He had done.
God blessed the seventh day and declared it holy,
because on it He ceased from all His work He had created to do.

On other evenings Kiddush starts here:

When saying Kiddush for others, add:
Please pay attention, my masters.

Blessed are You, LORD our God, King of the Universe,
who creates the fruit of the vine.

On Shabbat, add the words in parentheses.
בָּרוּךְ Blessed are You, LORD our God, King of the Universe,
who has chosen us from among all peoples,
raised us above all tongues,
and made us holy through His commandments.
You have given us, LORD our God, in love

Omit on Rosh HaShana:
(Sabbaths for rest), festivals for rejoicing,
holy days and seasons for joy

(this Sabbath day and) this day of:

On Pesaḥ: the festival of Matzot,
the time of our freedom
On Shavuot: the festival of Shavuot,
the time of the giving of our Torah
On Rosh HaShana: Remembrance,
a day of (remembering) blowing the shofar

קידוש לליל יום טוב

On שבת *add:*

Quietly וַיְהִי־עֶרֶב וַיְהִי בֹקֶר בראשית א

יוֹם הַשִּׁשִּׁי:

וַיְכֻלּוּ הַשָּׁמַיִם וְהָאָרֶץ וְכָל־צְבָאָם: בראשית ב

וַיְכַל אֱלֹהִים בַּיּוֹם הַשְּׁבִיעִי מְלַאכְתּוֹ אֲשֶׁר עָשָׂה

וַיִּשְׁבֹּת בַּיּוֹם הַשְּׁבִיעִי מִכָּל־מְלַאכְתּוֹ אֲשֶׁר עָשָׂה:

וַיְבָרֶךְ אֱלֹהִים אֶת־יוֹם הַשְּׁבִיעִי, וַיְקַדֵּשׁ אֹתוֹ

כִּי בוֹ שָׁבַת מִכָּל־מְלַאכְתּוֹ, אֲשֶׁר־בָּרָא אֱלֹהִים, לַעֲשׂוֹת:

On other evenings the קידוש *starts here:*

When saying קידוש *for others, add:*

סַבְרִי מָרָנָן

בָּרוּךְ אַתָּה יהוה אֱלֹהֵינוּ מֶלֶךְ הָעוֹלָם

בּוֹרֵא פְּרִי הַגָּפֶן.

On שבת*, add the words in parentheses.*

בָּרוּךְ אַתָּה יהוה אֱלֹהֵינוּ מֶלֶךְ הָעוֹלָם

אֲשֶׁר בָּחַר בָּנוּ מִכָּל עָם

וְרוֹמְמָנוּ מִכָּל לָשׁוֹן, וְקִדְּשָׁנוּ בְּמִצְוֹתָיו

וַתִּתֶּן לָנוּ יהוה אֱלֹהֵינוּ בְּאַהֲבָה

Omit on ראש השנה*:*

(שַׁבָּתוֹת לִמְנוּחָה וּ) מוֹעֲדִים לְשִׂמְחָה חַגִּים וּזְמַנִּים לְשָׂשׂוֹן

אֶת יוֹם (הַשַּׁבָּת הַזֶּה וְאֶת יוֹם)

בפסח: חַג הַמַּצּוֹת הַזֶּה, זְמַן חֵרוּתֵנוּ

בשבועות: חַג הַשָּׁבוּעוֹת הַזֶּה, זְמַן מַתַּן תּוֹרָתֵנוּ

בראש השנה: הַזִּכָּרוֹן הַזֶּה, יוֹם (זִכְרוֹן) תְּרוּעָה

On Sukkot: the festival of Sukkot,
our time of rejoicing

On Shemini Atzeret   the festival of the eighth day, Shemini Atzeret, our time of
& Simḥat Torah: rejoicing

(with love), a holy assembly in memory of the exodus from Egypt.
For You have chosen us and sanctified us above all peoples,

On Rosh HaShana:	*On other festivals:*
and Your word is true and endures for ever.	and given us as our heritage
Blessed are You, Lord,	(Your holy Sabbath in love and favor and)
King over all the earth,	Your holy festivals for joy and gladness.
who sanctifies (the Sabbath,) Israel	Blessed are You, Lord, who sanctifies
and the Day of Remembrance.	(the Sabbath,) Israel and the festivals.

On Motza'ei Shabbat, the following Havdala is added:

בָּרוּךְ Blessed are You, Lord our God, King of the Universe,
who creates the lights of fire.

Blessed are You, Lord our God, King of the Universe, who distinguishes between
sacred and secular, between light and darkness, between Israel and the nations,
between the seventh day and the six days of work. You have made a distinction
between the holiness of the Sabbath and the holiness of festivals, and have sanc-
tified the seventh day above the six days of work. You have distinguished and
sanctified Your people Israel with Your holiness. Blessed are You, Lord, who
distinguishes between sacred and sacred.

*On Sukkot, say the following blessing. On the first night it is said before the blessing
"who has given us life"; on the second night, after it (some say it before on both nights).*

בָּרוּךְ Blessed are You, Lord our God, King of the Universe, who has made us
holy though His commandments, and has commanded us to dwell in the sukka.

*The following blessing is omitted on the last two nights of Pesaḥ (in Israel, the
last night). It is said on both nights of Rosh HaShana; on the second night, one
should have in mind that the blessing refers also to the new fruit.*

בָּרוּךְ Blessed are You, Lord our God, King of the Universe,
who has given us life, sustained us, and brought us to this time.

It is customary for all present to drink of the wine.

בסוכות: חַג הַסֻּכּוֹת הַזֶּה, זְמַן שִׂמְחָתֵֽנוּ

בשמע״צ ובש״ת: הַשְּׁמִינִי חַג הָעֲצֶֽרֶת הַזֶּה, זְמַן שִׂמְחָתֵֽנוּ

(בְּאַהֲבָה) מִקְרָא קֹֽדֶשׁ, זֵֽכֶר לִיצִיאַת מִצְרָֽיִם
כִּי בָֽנוּ בָחַֽרְתָּ וְאוֹתָֽנוּ קִדַּֽשְׁתָּ מִכָּל הָעַמִּים

On ראש השנה*:*

וּדְבָרְךָ אֱמֶת וְקַיָּם לָעַד.
בָּרוּךְ אַתָּה יהוה, מֶֽלֶךְ עַל כָּל הָאָֽרֶץ
מְקַדֵּשׁ (הַשַּׁבָּת וְ) יִשְׂרָאֵל וְיוֹם הַזִּכָּרוֹן.

On other festivals:

(וְשַׁבָּת) וּמוֹעֲדֵי קָדְשֶֽׁךָ (בְּאַהֲבָה וּבְרָצוֹן)
בְּשִׂמְחָה וּבְשָׂשׂוֹן הִנְחַלְתָּֽנוּ.
בָּרוּךְ אַתָּה יהוה, מְקַדֵּשׁ (הַשַּׁבָּת וְ)
יִשְׂרָאֵל וְהַזְּמַנִּים.

On מוצאי שבת*, the following* הבדלה *is added:*

בָּרוּךְ אַתָּה יהוה אֱלֹהֵֽינוּ מֶֽלֶךְ הָעוֹלָם
בּוֹרֵא מְאוֹרֵי הָאֵשׁ.

בָּרוּךְ אַתָּה יהוה אֱלֹהֵֽינוּ מֶֽלֶךְ הָעוֹלָם, הַמַּבְדִּיל בֵּין קֹֽדֶשׁ לְחֹל, בֵּין אוֹר לְחֹֽשֶׁךְ, בֵּין יִשְׂרָאֵל לָעַמִּים, בֵּין יוֹם הַשְּׁבִיעִי לְשֵֽׁשֶׁת יְמֵי הַמַּעֲשֶׂה. בֵּין קְדֻשַּׁת שַׁבָּת לִקְדֻשַּׁת יוֹם טוֹב הִבְדַּֽלְתָּ, וְאֶת יוֹם הַשְּׁבִיעִי מִשֵּֽׁשֶׁת יְמֵי הַמַּעֲשֶׂה קִדַּֽשְׁתָּ, הִבְדַּֽלְתָּ וְקִדַּֽשְׁתָּ אֶת עַמְּךָ יִשְׂרָאֵל בִּקְדֻשָּׁתֶֽךָ. בָּרוּךְ אַתָּה יהוה, הַמַּבְדִּיל בֵּין קֹֽדֶשׁ לְקֹֽדֶשׁ.

On סוכות*, say the following blessing. On the first night it is said before the blessing* שֶׁהֶחֱיָֽנוּ*; on the second night, after it (some say it before on both nights).*

בָּרוּךְ אַתָּה יהוה אֱלֹהֵֽינוּ מֶֽלֶךְ הָעוֹלָם
אֲשֶׁר קִדְּשָֽׁנוּ בְּמִצְוֹתָיו, וְצִוָּֽנוּ לֵישֵׁב בַּסֻּכָּה.

The following blessing is omitted on the last two nights of פסח *(in* ארץ ישראל*, the last night). It is said on both nights of* ראש השנה*; on the second night, one should have in mind that the blessing refers also to the new fruit.*

בָּרוּךְ אַתָּה יהוה אֱלֹהֵֽינוּ מֶֽלֶךְ הָעוֹלָם
שֶׁהֶחֱיָֽנוּ וְקִיְּמָֽנוּ וְהִגִּיעָֽנוּ לַזְּמַן הַזֶּה.

It is customary for all present to drink of the wine.

ZEMIROT FOR
SHABBAT EVENING

כָּל מְקַדֵּשׁ All who fittingly sanctify the seventh day,
all who protect the Sabbath properly from desecration,
will have great reward in accord with their deed.
"Each in his own camp, each under his own banner."

Lovers of the LORD, who await the building of the Temple,
be glad and joyful on the Sabbath as if receiving
the gift of God's inheritance.
Raise your hands in holiness and say to God:
"Blessed is the LORD who has given rest to His people Israel."

Seekers of the LORD, offspring of His beloved Abraham,
who are slow to leave the Sabbath but hasten to enter it,
who rejoice to keep it and make its eiruv –
"This is the day the LORD has made,
let us rejoice and be glad in it."

Remember Moses' Torah, from which the laws
of Sabbath are learned;
engraved is the seventh day like a bedecked bride
between her companions.
The pure inherit it and sanctify it with the words:
"All that He had made…
With the seventh day God completed the work
He had done."

It is a sacred day from beginning to end;
all Jacob's offspring will honor it as the King's word and
    decree,
resting on it and rejoicing with delights of food and drink.
"All the congregation of Israel will observe it."

זמירות לליל שבת

כָּל מְקַדֵּשׁ שְׁבִיעִי כָּרָאוּי לוֹ

ישעיה נו   כָּל שׁוֹמֵר שַׁבָּת כַּדָּת, מֵחַלְּלוֹ

שְׂכָרוֹ הַרְבֵּה מְאֹד עַל פִּי פָעֳלוֹ

במדבר א   אִישׁ עַל־מַחֲנֵהוּ וְאִישׁ עַל־דִּגְלוֹ:

אוֹהֲבֵי יהוה הַמְחַכִּים לְבִנְיַן אֲרִיאֵל

בְּיוֹם הַשַּׁבָּת שִׂישׂוּ וְשִׂמְחוּ כִּמְקַבְּלֵי מַתַּן נַחֲלִיאֵל

גַּם שְׂאוּ יְדֵיכֶם קֹדֶשׁ וְאִמְרוּ לָאֵל

מלכים א ח   בָּרוּךְ יהוה אֲשֶׁר נָתַן מְנוּחָה לְעַמּוֹ יִשְׂרָאֵל:

דּוֹרְשֵׁי יהוה זֶרַע אַבְרָהָם אוֹהֲבוֹ

הַמְאַחֲרִים לָצֵאת מִן הַשַּׁבָּת וּמְמַהֲרִים לָבוֹא

וּשְׂמֵחִים לְשָׁמְרוֹ וּלְעָרֵב עֵרוּבוֹ

תהלים קיח   זֶה־הַיּוֹם עָשָׂה יהוה, נָגִילָה וְנִשְׂמְחָה בוֹ:

זִכְרוּ תּוֹרַת מֹשֶׁה בְּמִצְוַת שַׁבָּת גְּרוּסָה

חֲרוּתָה לַיּוֹם הַשְּׁבִיעִי, כְּכַלָּה בֵּין רֵעוֹתֶיהָ מְשֻׁבָּצָה

טְהוֹרִים יִירָשׁוּהָ, וִיקַדְּשׁוּהָ בְּמַאֲמַר כָּל אֲשֶׁר עָשָׂה

בראשית ב   וַיְכַל אֱלֹהִים בַּיּוֹם הַשְּׁבִיעִי מְלַאכְתּוֹ אֲשֶׁר עָשָׂה:

יוֹם קָדוֹשׁ הוּא, מִבּוֹאוֹ וְעַד צֵאתוֹ

כָּל זֶרַע יַעֲקֹב יְכַבְּדוּהוּ, כִּדְבַר הַמֶּלֶךְ וְדָתוֹ

לָנוּחַ בּוֹ וְלִשְׂמֹחַ בְּתַעֲנוּג אָכוֹל וְשָׁתֹה

שמות יב   כָּל־עֲדַת יִשְׂרָאֵל יַעֲשׂוּ אֹתוֹ:

Extend Your loving-kindness to those who know You,
zealous and retributive God.
Those who keep the seventh day,
fulfilling "Remember" and "Observe,"
grant them the joy of Jerusalem rebuilt,
make them shine with the light of Your face.
"Fill them with the rich plenty of Your House,
give them drink from Your river of delights."

Help those who, on the seventh day,
rest from plow and harvest,
who walk slowly, and eat three meals to bless You.
May their righteousness shine like the light of the seven
    days,
Lord God of Israel, grant completion.

Some add:
Lord, God of Israel, Savior for all times.

The following verse is often omitted:
(Make them holy in Your commands,
    and pure as the very sky is pure.
Bring them to rest with Your spirit,
    as cattle descend from mountain to valley,
May their Sabbaths bring them to dwell in the moon [shaped]
    inheritance [the Sanhedrin],
"Like streams stretched out, like gardens on the river side.")

מְשֹׁךְ חַסְדְּךָ לְיוֹדְעֶיךָ, אֵל קַנּוֹא וְנוֹקֵם
נוֹטְרֵי יוֹם הַשְּׁבִיעִי זָכוֹר וְשָׁמוֹר לְהָקֵם
שַׂמְּחֵם בְּבִנְיַן שָׁלֵם, בְּאוֹר פָּנֶיךָ תַּבְהִיקֵם
יִרְוְיֻן מִדֶּשֶׁן בֵּיתֶךָ, וְנַחַל עֲדָנֶיךָ תַשְׁקֵם: תהלים לו

עֲזוֹר לַשּׁוֹבְתִים בַּשְּׁבִיעִי, בֶּחָרִישׁ וּבַקָּצִיר עוֹלָמִים
פּוֹסְעִים בּוֹ פְּסִיעָה קְטַנָּה, סוֹעֲדִים בּוֹ, לְבָרֵךְ שָׁלֹשׁ פְּעָמִים
צִדְקָתָם תַּצְהִיר כְּאוֹר שִׁבְעַת הַיָּמִים
יהוה אֱלֹהֵי יִשְׂרָאֵל, הָבָה תָמִים: שמואל א׳ יד

Some add:

יהוה אֱלֹהֵי יִשְׂרָאֵל, תְּשׁוּעַת עוֹלָמִים.

The following verse is often omitted:

(קַדְּשֵׁם בְּמִצְוֹתֶיךָ, וְטַהֲרֵם כְּעֶצֶם הַשָּׁמַיִם לָטֹהַר
רוּחֲךָ תְּנִיחֵמוֹ, כַּבְּהֵמָה תֵּרֵד בַּבִּקְעָה מִן הָהָר
שַׁבְּתֵיהֶם תְּשַׁכְּנֵם בְּנַחֲלַת הַסַּהַר
כִּנְחָלִים נִטָּיוּ, כְּגַנֹּת עֲלֵי נָהָר:) במדבר כד

מְנוּחָה וְשִׂמְחָה Rest and joy, light for all Jews,
is the Sabbath day, day of delights.
Those who keep and recall it bear witness
that in six days all creation was made.

The highest heavens, land and seas,
the hosts of heaven, high and sublime;
sea monsters, humans and all wild beasts,
were created by God, the Lord, who formed all worlds.

It was He who spoke to His treasured people:
"Keep it to make it holy from beginning to end."
The holy Sabbath is His day of delight,
for on it God rested from all His work.

Through the Sabbath commandment
God will give you strength;
rise, pray to Him, and He will invigorate you.
Recite the *Nishmat* prayer, and the *Kedusha*,
then eat with joy, for He is pleased with you.

With twin loaves, and wine for the Kiddush,
with many delicacies and a willing spirit,
those who delight in it shall merit great reward:
the coming of the redeemer, and life in the World to Come.

מְנוּחָה וְשִׂמְחָה אוֹר לַיְּהוּדִים
יוֹם שַׁבָּתוֹן, יוֹם מַחֲמַדִּים
שׁוֹמְרָיו וְזוֹכְרָיו הֵמָּה מְעִידִים
כִּי לְשִׁשָּׁה כֹּל בְּרוּאִים וְעוֹמְדִים.

שְׁמֵי שָׁמַיִם, אֶרֶץ וְיַמִּים
כָּל צְבָא מָרוֹם גְּבוֹהִים וְרָמִים
תַּנִּין וְאָדָם וְחַיַּת רְאֵמִים
כִּי בְּיָהּ יהוה צוּר עוֹלָמִים:

ישעיה כו

הוּא אֲשֶׁר דִּבֶּר לְעַם סְגֻלָּתוֹ
שָׁמוֹר לְקַדְּשׁוֹ מִבּוֹאוֹ עַד צֵאתוֹ
שַׁבַּת קֹדֶשׁ יוֹם חֶמְדָּתוֹ
כִּי בוֹ שָׁבַת אֵל מִכָּל מְלַאכְתּוֹ.

בְּמִצְוַת שַׁבָּת אֵל יַחֲלִיצָךְ
קוּם קְרָא אֵלָיו, יָחִישׁ לְאַמְּצָךְ
נִשְׁמַת כָּל חַי וְגַם נַעֲרִיצָךְ
אֱכֹל בְּשִׂמְחָה כִּי כְבָר רָצָךְ.

בְּמִשְׁנֶה לֶחֶם וְקִדּוּשׁ רַבָּה
בְּרֹב מַטְעַמִּים וְרוּחַ נְדִיבָה
יִזְכּוּ לְרַב טוּב הַמִּתְעַנְּגִים בָּהּ
בְּבִיאַת גּוֹאֵל לְחַיֵּי הָעוֹלָם הַבָּא.

מַה יְּדִידוּת How beloved is your rest, Sabbath Queen;
we run to greet you: Come, royal bride,
dressed in fine robes. We light the light with blessing.
All labors end [as is said:] "You shall do no work."
To savor the delights of fowl, quail and fish.

In advance all kinds of tasty food have been prepared,
fattened chickens made ready while it was still day.
Varied dishes set out, and fragrant wines to drink,
and special delicacies all three times.
To savor the delights of fowl, quail and fish.

They shall inherit Jacob's heritage, a heritage unbounded;
rich and poor will honor [the Sabbath] and be worthy of redemption.
If you keep the Sabbath day you will be My special treasure;
six days shall you labor – and on the seventh let us rejoice.
To savor the delights of fowl, quail and fish.

Your secular concerns are forbidden; so too are calculations.
Reflections are permitted, and arranging matches for girls,
and teaching a child a book, and singing songs of praise,
and meditating on fine words at every place and gathering.
To savor the delights of fowl, quail and fish.

Your walk shall be unhurried; you shall call the Sabbath a delight.
Sleep too is praiseworthy, for it refreshes the spirit.
Therefore my soul yearns for you, to rest in you in love,
as if within a fence of roses: on it son and daughter rest.
To savor the delights of fowl, quail and fish.

A foretaste of the World to Come is the day of Sabbath rest.
All who take delight in it will be worthy of great joy;
they will be delivered with relief from the birthpangs of the Messiah.
May our redemption spring forth, and sadness and sighing flee away.
To savor the delights of fowl, quail and fish.

מַה יְּדִידוּת מְנוּחָתֵךְ, אַתְּ שַׁבָּת הַמַּלְכָּה
בְּכֵן נָרוּץ לִקְרָאתֵךְ, בּוֹאִי כַלָּה נְסוּכָה
לְבוּשׁ בִּגְדֵי חֲמוּדוֹת, לְהַדְלִיק נֵר בִּבְרָכָה
וַתֵּכֶל כָּל הָעֲבוֹדוֹת, לֹא תַעֲשׂוּ מְלָאכָה.
לְהִתְעַנֵּג בְּתַעֲנוּגִים בַּרְבּוּרִים וּשְׂלָו וְדָגִים.

מֵעֶרֶב מַזְמִינִים כָּל מִינֵי מַטְעַמִּים
מִבְּעוֹד יוֹם מוּכָנִים תַּרְנְגוֹלִים מְפֻטָּמִים
וְלַעֲרֹךְ בּוֹ כַּמָּה מִינִים, שְׁתוֹת יֵינוֹת מְבֻשָּׂמִים
וְתַפְנוּקֵי מַעֲדַנִּים בְּכָל שָׁלֹשׁ פְּעָמִים.
לְהִתְעַנֵּג בְּתַעֲנוּגִים בַּרְבּוּרִים וּשְׂלָו וְדָגִים.

נַחֲלַת יַעֲקֹב יִירָשׁ, בְּלִי מְצָרִים נַחֲלָה
וִיכַבְּדוּהוּ עָשִׁיר וָרָשׁ, וְתִזְכּוּ לִגְאֻלָּה
יוֹם שַׁבָּת אִם תְּכַבֵּדוּ וִהְיִיתֶם לִי סְגֻלָּה
שֵׁשֶׁת יָמִים תַּעֲבֹדוּ וּבַשְּׁבִיעִי נָגִילָה.
לְהִתְעַנֵּג בְּתַעֲנוּגִים בַּרְבּוּרִים וּשְׂלָו וְדָגִים.

חֲפָצֶיךָ אֲסוּרִים וְגַם לַחְשֹׁב חֶשְׁבּוֹנוֹת
הִרְהוּרִים מֻתָּרִים וּלְשַׁדֵּךְ הַבָּנוֹת
וְתִינוֹק לְלַמְּדוֹ סֵפֶר, לַמְנַצֵּחַ בִּנְגִינוֹת
וְלַהֲגוֹת בְּאִמְרֵי שֶׁפֶר בְּכָל פִּנּוֹת וּמַחֲנוֹת.
לְהִתְעַנֵּג בְּתַעֲנוּגִים בַּרְבּוּרִים וּשְׂלָו וְדָגִים.

הִלּוּכָךְ יְהֵא בְנַחַת, עֹנֶג קְרָא לַשַּׁבָּת
וְהַשֵּׁנָה מְשֻׁבַּחַת, כְּדַת נֶפֶשׁ מְשִׁיבַת
בְּכֵן נַפְשִׁי לְךָ עָרְגָה וְלָנוּחַ בְּחִבַּת
כַּשּׁוֹשַׁנִּים סוּגָה, בּוֹ יָנוּחוּ בֵּן וּבַת.
לְהִתְעַנֵּג בְּתַעֲנוּגִים בַּרְבּוּרִים וּשְׂלָו וְדָגִים.

מֵעֵין עוֹלָם הַבָּא יוֹם שַׁבָּת מְנוּחָה
כָּל הַמִּתְעַנְּגִים בָּהּ יִזְכּוּ לְרֹב שִׂמְחָה
מֵחֶבְלֵי מָשִׁיחַ יֻצָּלוּ לִרְוָחָה
פְּדוּתֵנוּ תַצְמִיחַ וְנָס יָגוֹן וַאֲנָחָה.
לְהִתְעַנֵּג בְּתַעֲנוּגִים בַּרְבּוּרִים וּשְׂלָו וְדָגִים.

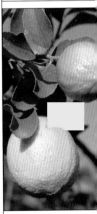

יוֹם זֶה לְיִשְׂרָאֵל This day for Israel is light and joy, a Sabbath of serenity.
At the assembly at Sinai You decreed the laws,
Sabbath and the festivals – to keep them all my years;
setting a table before me with courses of fine food –

a Sabbath of serenity.
This day, for Israel, is light and joy, a Sabbath of serenity.

Heart's delight to a shattered people;
to suffering spirits, an extra soul.
From troubled hearts may it banish sighs –

a Sabbath of serenity.
This day, for Israel, is light and joy, a Sabbath of serenity.

You sanctified and blessed it above all other days.
In six days You finished the making of all worlds.
On it sad souls find quiet and safety –

a Sabbath of serenity.
This day, for Israel, is light and joy, a Sabbath of serenity.

All work is forbidden by the revered One's commandment.
I will merit royal glory if I keep the Sabbath day,
bringing the Awesome One a sweetly scented gift –

a Sabbath of serenity.
This day, for Israel, is light and joy, a Sabbath of serenity.

יוֹם זֶה לְיִשְׂרָאֵל אוֹרָה וְשִׂמְחָה, שַׁבַּת מְנוּחָה.

צִוִּיתָ פִּקּוּדִים   בְּמַעֲמַד סִינַי

שַׁבָּת וּמוֹעֲדִים   לִשְׁמֹר בְּכָל שָׁנַי

לַעֲרֹךְ לְפָנַי   מַשְׂאֵת וַאֲרוּחָה   שַׁבַּת מְנוּחָה.

יוֹם זֶה לְיִשְׂרָאֵל אוֹרָה וְשִׂמְחָה, שַׁבַּת מְנוּחָה.

חֶמְדַּת הַלְּבָבוֹת לְאֻמָּה שְׁבוּרָה

לִנְפָשׁוֹת נִכְאָבוֹת   נְשָׁמָה יְתֵרָה

לְנֶפֶשׁ מְצֵרָה   יָסִיר אֲנָחָה   שַׁבַּת מְנוּחָה.

יוֹם זֶה לְיִשְׂרָאֵל אוֹרָה וְשִׂמְחָה, שַׁבַּת מְנוּחָה.

קִדַּשְׁתָּ בֵּרַכְתָּ אוֹתוֹ מִכָּל יָמִים

בְּשֵׁשֶׁת כִּלִּיתָ   מְלֶאכֶת עוֹלָמִים

בּוֹ מָצְאוּ עֲגוּמִים   הַשְׁקֵט וּבִטְחָה   שַׁבַּת מְנוּחָה.

יוֹם זֶה לְיִשְׂרָאֵל אוֹרָה וְשִׂמְחָה, שַׁבַּת מְנוּחָה.

לְאִסּוּר מְלָאכָה   צִוִּיתָנוּ נוֹרָא

אֶזְכֶּה הוֹד מְלוּכָה   אִם שַׁבָּת אֶשְׁמְרָה

אַקְרִיב שַׁי לַמּוֹרָא   מִנְחָה מֶרְקָחָה   שַׁבַּת מְנוּחָה.

יוֹם זֶה לְיִשְׂרָאֵל אוֹרָה וְשִׂמְחָה, שַׁבַּת מְנוּחָה.

And I shall offer You verses, in melody and song.
Standing before Your great splendor, my soul longs for You.
Keep Your promise, to Your single-minded treasure –

a Sabbath of serenity.
This day, for Israel, is light and joy, a Sabbath of serenity.

Desire my prayers like the first offering of Naḥshon,
and the day of my serenity with happiness and joy,
beloved like the apple of one's eye, with all successes –

a Sabbath of serenity.
This day, for Israel, is light and joy, a Sabbath of serenity.

We still wait for You to save us, LORD, most glorious of the glorified.
Send, please, to the Hebrews, the child of David, our king,
and declare liberty, relief and respite –

a Sabbath of serenity.
This day, for Israel, is light and joy, a Sabbath of serenity.

Please, Most High, held in awe, see our torments.
Redeem us quickly, be gracious to us, answer us.
Make our souls happy, in light and in joy –

a Sabbath of serenity.
This day, for Israel, is light and joy, a Sabbath of serenity.

Renew our Sanctuary, remember the ruined city.
Bestow Your goodness, Savior, on one who is sad,
yet still she spends the Sabbath in song and praise –

a Sabbath of serenity.
This day, for Israel, is light and joy, a Sabbath of serenity.

Remember us, Holy One, for the sake of the honored day;
keep us, please, this day and every day.
My bright, formidable Beloved, bring relief –

a Sabbath of serenity.
This day, for Israel, is light and joy, a Sabbath of serenity.

Let Israel hear a voice of joy and of salvation.
As the vision of redemption is fulfilled, our Rock, who makes salvation flourish,
make the light of my sun come and shine then always –

a Sabbath of serenity.
This day, for Israel, is light and joy, a Sabbath of serenity.

וְשִׁיר אֶעֱרֹךְ לְךָ בְּנִגּוּן וּנְעִימָה
מוּל תִּפְאֶרֶת גָּדְלְךָ נַפְשִׁי לְךָ כָּמַהּ
לִסְגֻלָּה תְמִימָה קַיֵּם הַבְטָחָה שַׁבָּת מְנוּחָה.

יוֹם זֶה לְיִשְׂרָאֵל אוֹרָה וְשִׂמְחָה, שַׁבַּת מְנוּחָה.

רְצֵה תְפִלָּתִי כְּמוֹ קָרְבַּן נַחְשׁוֹן
וְיוֹם מְנוּחָתִי בְּשִׂמְחָה וּבְשָׂשׂוֹן
חָבִיב כְּבַת אִישׁוֹן בְּרֹב הַצְלָחָה שַׁבָּת מְנוּחָה.

יוֹם זֶה לְיִשְׂרָאֵל אוֹרָה וְשִׂמְחָה, שַׁבַּת מְנוּחָה.

יֶשְׁעֲךָ קִוִּינוּ יָהּ אַדִּיר אַדִּירִים
בֶּן דָּוִד מַלְכֵּנוּ שְׁלַח נָא לָעִבְרִים
וְיִקְרָא לִדְרוֹרִים רֶוַח וַהֲנָחָה שַׁבָּת מְנוּחָה.

יוֹם זֶה לְיִשְׂרָאֵל אוֹרָה וְשִׂמְחָה, שַׁבַּת מְנוּחָה.

אָנָּא עֶלְיוֹן נוֹרָא הַבִּיטָה עָנֵינוּ
פְּדֵנוּ בִּמְהֵרָה חָנֵּנוּ וַעֲנֵנוּ
שַׂמַּח נַפְשֵׁנוּ בְּאוֹר וְשִׂמְחָה שַׁבָּת מְנוּחָה.

יוֹם זֶה לְיִשְׂרָאֵל אוֹרָה וְשִׂמְחָה, שַׁבַּת מְנוּחָה.

חַדֵּשׁ מִקְדָּשֵׁנוּ זָכְרָה נֶחֱרֶבֶת
טוּבְךָ, מוֹשִׁיעֵנוּ תְּנָה לַנֶּעֱצֶבֶת
בְּשַׁבָּת יוֹשֶׁבֶת בְּזֶמֶר וּשְׁבָחָה שַׁבַּת מְנוּחָה.

יוֹם זֶה לְיִשְׂרָאֵל אוֹרָה וְשִׂמְחָה, שַׁבַּת מְנוּחָה.

זְכֹר, קָדוֹשׁ, לָנוּ בִּזְכוּת יְקָרַת הַיּוֹם
שְׁמָר נָא אוֹתָנוּ בְּיוֹם זֶה וּבְכָל יוֹם
דּוֹדִי צַח וְאָיוֹם תָּבִיא רְוָחָה שַׁבָּת מְנוּחָה.

יוֹם זֶה לְיִשְׂרָאֵל אוֹרָה וְשִׂמְחָה, שַׁבַּת מְנוּחָה.

קוֹל רִנָּה וִישׁוּעָה לְיִשְׂרָאֵל הַשְׁמִיעָה
בְּבֹא חֶזְיוֹן תְּשׁוּעָה צוּר, מַצְמִיחַ יְשׁוּעָה
אוֹר שִׁמְשִׁי הוֹפִיעָה תָּמִיד הַזְרִיחָה שַׁבָּת מְנוּחָה.

יוֹם זֶה לְיִשְׂרָאֵל אוֹרָה וְשִׂמְחָה, שַׁבַּת מְנוּחָה.

יָה רִבּוֹן Master of all worlds, our God, adored,
King of kings, over all, the LORD:
Your wondrous deeds to applaud,
we sing to You with one accord.

God of all worlds, our God, adored;
King of kings, over all, the LORD.

Early and late my praise shall ring,
to You, holy Author of every thing.
Beasts of the field, birds that take wing,
angels and mortals to You shall sing.

God of all worlds, our God, adored;
King of kings, over all, the LORD.

Your great good deeds are vast in scale;
You humble the proud, You lift the frail.
A thousand years would not avail
of Your works to tell the tale.

God of all worlds, our God, adored;
King of kings, over all, the LORD.

Yours is the glory, the greatness too;
from the lion's jaw, Your flock rescue.
Bring Your exiles home to You;
the people You chose, deliver anew.

God of all worlds, our God, adored;
King of kings, over all, the LORD.

Come back to Your Temple, Your sacred shrine,
that there in joy our souls may entwine;
in song our voices to combine,
when Jerusalem's beauty again will shine.

God of all worlds, our God, adored;
King of kings, over all, the LORD.

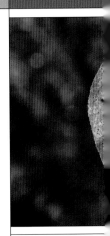

יָהּ רִבּוֹן עָלַם וְעָלְמַיָּא
אַנְתְּ הוּא מַלְכָּא מֶלֶךְ מַלְכַיָּא
עוֹבַד גְּבוּרְתָּךְ וְתִמְהַיָּא
שְׁפַר קֳדָמָךְ לְהַחֲוָיָא.

יָהּ רִבּוֹן עָלַם וְעָלְמַיָּא, אַנְתְּ הוּא מַלְכָּא מֶלֶךְ מַלְכַיָּא.

שְׁבָחִין אֲסַדֵּר צַפְרָא וְרַמְשָׁא
לָךְ אֱלָהָא קַדִּישָׁא דִּי בְרָא כָּל נַפְשָׁא
עִירִין קַדִּישִׁין וּבְנֵי אֱנָשָׁא
חֵיוַת בָּרָא וְעוֹפֵי שְׁמַיָּא.

יָהּ רִבּוֹן עָלַם וְעָלְמַיָּא, אַנְתְּ הוּא מַלְכָּא מֶלֶךְ מַלְכַיָּא.

רַבְרְבִין עוֹבְדָיךְ וְתַקִּיפִין
מָכֵךְ רָמַיָּא וְזָקֵף כְּפִיפִין
לוּ יְחֵי גְּבַר שְׁנִין אַלְפִין
לָא יֵעֹל גְּבוּרְתָּךְ בְּחֻשְׁבְּנַיָּא.

יָהּ רִבּוֹן עָלַם וְעָלְמַיָּא, אַנְתְּ הוּא מַלְכָּא מֶלֶךְ מַלְכַיָּא.

אֱלָהָא דִּי לֵהּ יְקָר וּרְבוּתָא
פְּרֹק יָת עָנָךְ מִפֻּם אַרְיָוָתָא
וְאַפֵּק יָת עַמָּךְ מִגּוֹ גָלוּתָא
עַמָּא דִּי בְחַרְתְּ מִכָּל אֻמַּיָּא.

יָהּ רִבּוֹן עָלַם וְעָלְמַיָּא, אַנְתְּ הוּא מַלְכָּא מֶלֶךְ מַלְכַיָּא.

לְמַקְדְּשָׁךְ תּוּב וּלְקֹדֶשׁ קֻדְשִׁין
אֲתַר דִּי בֵהּ יֶחֱדוּן רוּחִין וְנַפְשִׁין
וִיזַמְּרוּן לָךְ שִׁירִין וְרַחֲשִׁין
בִּירוּשְׁלֵם קַרְתָּא דְשֻׁפְרַיָּא.

יָהּ רִבּוֹן עָלַם וְעָלְמַיָּא, אַנְתְּ הוּא מַלְכָּא מֶלֶךְ מַלְכַיָּא.

צָמְאָה נַפְשִׁי My soul thirsts for God, the living God.
My heart and flesh will sing joyfully to the living God.
The One God created me, and said "As I live,
no one shall see Me and live."

         My soul thirsts for God, the living God.
         My heart and flesh will sing joyfully to the living God.

He created all with wisdom, design and deliberation,
deeply hidden though it is from the eyes of all that live.
His glory is high above all, every mouth makes known His splendor;
blessed is He in whose hands is the life-force of all that lives.

         My soul thirsts for God, the living God.
         My heart and flesh will sing joyfully to the living God.

He set apart the quiet one's offspring, to teach them decrees,
which if one performs them, thereby he shall live.
Who can vindicate himself? We are like specks of dust.
Truly none can vindicate itself before You, nothing that lives.

         My soul thirsts for God, the living God.
         My heart and flesh will sing joyfully to the living God.

In the heart, the inclination is like a viper's poison.
How then can we return, and be like flesh that lives?
Those who have gone astray, if they wished, could turn from their way,
before they go to their rest in the place destined for all that lives.

         My soul thirsts for God, the living God.
         My heart and flesh will sing joyfully to the living God.

For everything, I shall thank You; every mouth shall declare Your Oneness,
You who open Your hand and satisfy all that lives.
Recall the love of ancient times, and revive those who slumber;
bring near the days when the Messiah shall live.

         My soul thirsts for God, the living God.
         My heart and flesh will sing joyfully to the living God.

See who is the true mistress, when the handmaid says,
"No, your son is dead while my son lives."
Your legacy from the beginning, seek vengeance for the smooth one;
pour out rage onto the head of that goat that lives.
I will bow face down and spread my hands toward You,
when I open my mouth to say: "The soul of all that lives."

         My soul thirsts for God, the living God.
         My heart and flesh will sing joyfully to the living God.

צָמְאָה נַפְשִׁי לֵאלֹהִים לְאֵל חָי: לִבִּי וּבְשָׂרִי יְרַנְּנוּ אֶל אֵל־חָי: תהלים מב תהלים פד
אֵל אֶחָד בְּרָאַנִי, וְאָמַר חַי אָנִי כִּי לֹא־יִרְאַנִי הָאָדָם וָחָי: שמות לג
צָמְאָה נַפְשִׁי לֵאלֹהִים לְאֵל חָי, לִבִּי וּבְשָׂרִי יְרַנְּנוּ אֶל אֵל־חָי.

בָּרָא כֹל בְּחָכְמָה, בְּעֵצָה וּבִמְזִמָּה מְאֹד נֶעְלָמָה מֵעֵינֵי כָל־חָי: איוב כח
רָם עַל כֹּל כְּבוֹדוֹ, כָּל פֶּה יְחַוֶּה הוֹדוֹ בָּרוּךְ אֲשֶׁר בְּיָדוֹ נֶפֶשׁ כָּל־חָי: איוב יב
צָמְאָה נַפְשִׁי לֵאלֹהִים לְאֵל חָי, לִבִּי וּבְשָׂרִי יְרַנְּנוּ אֶל אֵל־חָי.

הִבְדִּיל נִינֵי תָם, חֻקִּים לְהוֹרוֹתָם אֲשֶׁר יַעֲשֶׂה אוֹתָם הָאָדָם וָחָי: ויקרא יח
מִי זֶה יִצְטַדָּק, נִמְשַׁל לְאָבָק דָּק אֱמֶת, כִּי לֹא־יִצְדַּק לְפָנֶיךָ כָל־חָי: תהלים קמג
צָמְאָה נַפְשִׁי לֵאלֹהִים לְאֵל חָי, לִבִּי וּבְשָׂרִי יְרַנְּנוּ אֶל אֵל־חָי.

בְּלֵב יֵצֶר חָשׁוּב כִּדְמוּת חֲמַת עַכְשׁוּב וְאֵיכָכָה יָשׁוּב הַבָּשָׂר הֶחָי: ויקרא יג
נְסוֹגִים אִם אָבוּ, וּמִדַּרְכָּם שָׁבוּ טֶרֶם יִשְׁכָּבוּ בֵּית מוֹעֵד לְכָל־חָי: איוב ל
צָמְאָה נַפְשִׁי לֵאלֹהִים לְאֵל חָי, לִבִּי וּבְשָׂרִי יְרַנְּנוּ אֶל אֵל־חָי.

עַל כֹּל אֲהוֹדֶךָ, כָּל פֶּה תְּיַחֲדֶךָ פּוֹתֵחַ אֶת־יָדֶךָ וּמַשְׂבִּיעַ לְכָל־חָי: תהלים קמה
זְכֹר אַהֲבַת קְדוּמִים, וְהַחֲיֵה נִרְדָּמִים וְקָרֵב הַיָּמִים אֲשֶׁר בֶּן־יִשַׁי חָי: שמואל א׳ כ
צָמְאָה נַפְשִׁי לֵאלֹהִים לְאֵל חָי, לִבִּי וּבְשָׂרִי יְרַנְּנוּ אֶל אֵל־חָי.

רְאֵה לִגְבֶרֶת אֱמֶת, שִׁפְחָה נוֹאֱמֶת לֹא כִי, בְּנֵךְ הַמֵּת וּבְנִי הֶחָי: מלכים א׳ ג
הֲלֹא חֶלְקְךָ מֵרֹאשׁ, חָלָק דָּמוֹ דְּרֹשׁ שְׁפֹךְ אַף עַל רֹאשׁ, הַשָּׂעִיר הֶחָי.
אֶקֹּד עַל אַפִּי, וְאֶפְרֹשׂ לְךָ כַּפִּי עֵת אֶפְתַּח פִּי בְּנִשְׁמַת כָּל חָי.
צָמְאָה נַפְשִׁי לֵאלֹהִים לְאֵל חָי, לִבִּי וּבְשָׂרִי יְרַנְּנוּ אֶל אֵל־חָי.

מַה יָּפִית How beautiful you are, how lovely, in your pleasures – / you, Shabbat, joy of the unhappy ones. / For you, meat and fish / are ready yet by day. // From evening to evening the heart rises, / as your time comes to us, the time of love, / joy and happiness to the Jews, / and there they shall find redemption. // You, the pleasure in which we bask with sweet things, / with the various pleasures of human beings, / and wine, richly red, / and other things to drink. // Look and sanctify on the holy day; over wine / remember it, and if you have no wine, / then over the bread you break with / generous eye, to sanctify it. // Guard it, by its rules, from labor, / from the main acts prohibited and those born of them. / Give song to God, to thank Him; / in remembrance of His holiness. // One who guards the Sabbath day from breaking – / his Maker his trespass pardons; / his redeemer shall come, who is called Shilo, / and to [that redeemer] shall tribute be brought. // You have signs, good signs, in the manna and the flags, / in the crashing river Sambatyon, / in those days when it rests, like the treasured people, / who are still then, and at peace. // They strain without rest until the sixth day, / and then you set them free. / In clothes of fine linen and silk, / they dress themselves in your honor, // And say, "Come, bride, why do you delay? / Here are your table and your candle / laid out for you, for your light is come. / Rise up. Shine." // The honor of the Lord rose up for you like daylight: / when He created, with no strain, all that is / shining to the western edge of the world, and the east, / the north and south, // Over high places and low, in one word, / over all the world He placed His light; / and, when, for his urge, the earthly man transgressed, / God looked to hide that light away. // And you pleaded with your Creator and it was not hidden, / for that one day, from those who looked to it; / then it was stored away for those who revere Him, / with the luscious wine, and manna. // Let a person remember you and keep you, and he shall be saved / from all evil, and dwell in the shade / of the trees of Eden, and be left there, / among upright people. // These Sabbath meals which were made three, / as [Moses] the humble man revealed: / in one verse "the day" appeared thrice over, / hinting at these three – // If these three, one makes for her, / then from the birthpangs [of the Messiah], from the agonies, / he shall be spared, and come into / an inheritance without borders. // As you begin, the Teacher clothes us with blessings, / and there is hope at your end, / for the children come back as you leave, / and take up for Havdala – // An overflowing cup, to praise the Lord with song and joy, / with a pleasant voice, calling out from the throat, / to accompany you with [Elijah] the child of Aaron, / whom they call upon in song, // With the honor of kings and of all the angels to accompany them, / the governors and deputies, / in praises and in prayers, / whenever they leave you. // The Holy One of Jacob will call on His kindness day and night, / until the Levites in their place / will conduct the song that they have planned, / with music of all kinds, // With the burnt offering that is doubled on the Sabbath day, / in love of the day, in the great fondness / of the nation harbored, guarded like / the apple of [God's] eye. // Who can glorify the queen for all her glory? / Her allotted portion is double, / her walking distance two thousand / amot across. // Living [God], raise up the downtrodden; hear, from high above, those who call upon Your name, / and do not be silent to the poor and desolate; / accept the words and thoughts / of their humbled hearts. // Let the food of their Sabbath meals, in times of need, / be graced with bread and fish and meat. / Let them sit like princes, lacking nothing, / their bread made double. // So pay heed to the Seventh Day, as our shepherd [Moses] brought it, / when the grain of heaven came down / to give the bread of two days – / everyone, within its shelter, be still.

מַה יָּפִית וּמַה נָּעַמְתְּ בְּתַעֲנוּגִים / אַתְּ שַׁבָּת, מְשׂוֹשׂ נוּגִים / לָךְ בָּשָׂר וְגַם דָּגִים / נְכוֹנִים מִבְּעוֹד יוֹם
מֵעֶרֶב עַד עֶרֶב, לֵב חֲדִים / בְּבֹא עִתֵּךְ, עֵת דּוֹדִים / גִּיל וְשָׂשׂוֹן לַיְּהוּדִים / לִמְצוֹא פִּדְיוֹם
וְאַתְּ עֹנֶג לְהִתְעַנֵּג בְּמַמְתַקִּים / בְּתַעֲנוּגוֹת בְּנֵי אָדָם / וְיַיִן כִּי יִתְאַדָּם / וּשְׁאָר מַשְׁקִים.

רְאֵה וְקַדֵּשׁ בְּיוֹם קֹדֶשׁ עֲלֵי יַיִן / זָכְרֵהוּ, וְאִם אַיִן / עֲלֵי לֶחֶם בְּצַע בְּעַיִן / יָפָה, לְקַדְּשׁוֹ
שָׁמְרֵהוּ כְּהִלְכוֹתָיו מֵעֲבוֹדוֹת / מֵאָבוֹת וְתוֹלָדוֹת / שִׁיר לָאֵל תֵּן לְהוֹדוֹת / זָכוֹר לְקַדְּשׁוֹ
כָּל שׁוֹמֵר יוֹם שַׁבָּת מֵחַלְּלוֹ / מְחוֹלְלוֹ יִמְחַל מַעֲלוֹ / וּבָא גֹּאֲלוֹ, שְׁמוֹ שִׁילֹה / יוּבַל שַׁי לוֹ.

דַּבֵּר סִמָּן טוֹב לָךְ, בְּמָן וְאוֹת דֶּגֶל / סַמְבַּטְיוֹן מִתְגַּלְגֵּל / בְּכָל יוֹם נָח, כְּעַם סֶגֶל / יִשְׁבְּתוּ וְיִשְׁקְטוּ
הַטֹּרְחִים וְלֹא נָחִים עֲדֵי שִׁשִּׁי / וַתְּשַׁלְּחֵם לַחָפְשִׁי / בִּגְדֵי שֵׁשׁ וְגַם מֶשִׁי / לְכַבְּדֵךְ יַעֲטוּ
וְיֹאמְרוּ בּוֹאִי כַלָּה, מַה תְּאַחֲרִי / הֵן שֻׁלְחָן וְגַם נֵרֵךְ / עֲרוּכִים, כִּי בָא אוֹרֵךְ / קוּמִי אוֹרִי.

כְּבוֹד יהוה עָלַיִךְ כְּאוֹר זָרַח / בְּעֵת יָצַר בְּלִי טֹרַח / קְצוֹת מַעֲרָב וְגַם מִזְרָח / צָפוֹן וְיָמִין
עֶלְיוֹנִים וְתַחְתּוֹנִים בְּמַאֲמָרוֹ / עֲלֵי תֵבֵל שָׂם אוֹרוֹ / וְכַחֲטוֹא יְצִיר לְיוֹצְרוֹ / בִּקֵּשׁ לְהַטְמִין
וְאַתְּ חָלִית פְּנֵי קוֹנֵךְ, וְלֹא נִטְמַן / יוֹם אֶחָד לְמוֹצָאָיו / אָז נִגְנַז לִירֵאָיו / יַיִן עָסִיס וּמָן.

יְהִי לְזָכְרֵךְ וּלְשָׁמְרֵךְ, וְיִנָּצֵל / מִכָּל רָע, וְיִשְׁכֹּן בְּצֵל / עֲצֵי עֵדֶן, וְשָׁם אָצֵל / יְשָׁרִים יִתֵּן
סְעֻדּוֹתָיו וְשַׁבְּתוֹתָיו, אֲשֶׁר שִׁלֵּשׁ / כְּאִישׁ עָנָיו, בְּדַת פִּלֵּשׁ / בְּמִקְרָא חַד הַיּוֹם שִׁלֵּשׁ / רֶמֶז שְׁלָשְׁתָּן
יַעֲלֶה אִם שָׁלֹשׁ אֵלֶּה יַעֲשֶׂה לָהּ / מֵחֲבָלִים וְגַם צִירִים / יֻצַּל וּבְלִי מְצָרִים / יִירַשׁ נַחֲלָה.

בְּרָכוֹת יַעְטֶה מוֹרֶה בְּרֵאשִׁיתֵךְ / וְיֵשׁ תִּקְוָה לְאַחֲרִיתֵךְ / וְשָׁבוּ בָנִים בְּצֵאתֵךְ / לְהַבְדִּיל יִשָּׂאוּ
כּוֹס רְוָיָה, לְהַלֵּל יָהּ בְּשִׁיר וָרֹן / בְּקוֹל נָעִים, קְרָא בְגָרוֹן / לְלַוּוֹתֵךְ בְּנִין אַהֲרֹן / בְּשִׁיר יִקְרָאוּ
כְּבוֹד מְלָכִים וְכָל פְּלָכִים לְלַוּוֹתָם / הַפַּחוֹת וְהַסְּגָנִים / בְּשְׁבָחוֹת וּבִרְנָנִים / בְּכָל עֵת צֵאתָם.

יְצַו חַסְדּוֹ קְדוֹשׁ יַעֲקֹב, לֵיל וְיוֹמָם / וְאָז לְוִיִּם עַל מְקוֹמָם / יְנַצְּחוּ שִׁיר אֲשֶׁר זָמָם / בְּכָל מִינֵי זֶמֶר
עֲלֵי עוֹלָה אֲשֶׁר כְּפוּלָה בְּיוֹם שַׁבָּת / בְּאַהֲבַת יוֹם, בְּרֹב חִבַּת / עַם נְצֹר כְּאִישׁוֹן בַּת / עַיִן נִשְׁמָר
מִי יְפָאֵר גֹּדֶל פְּאֵר הַמַּלְכָּה / מִנְדָּתָהּ אַפַּיִם / הֲלִיכָתָהּ אַלְפַּיִם / אַמָּה אָרְכָּהּ.

חַי, זְקֹף מָךְ, בְּקוֹרְאֵי שִׁמְךָ שְׁמַע עֶלְיוֹן / וְאַל תֶּחֱרַשׁ לְרָשׁ וְאֶבְיוֹן / וְקַבֵּל נִיב וְגַם הֶגְיוֹן / לְבָבוֹ נִשְׁפָּל
מְזוֹן אֲרוּחָה, לְיוֹם מְנוּחָה, בְּעֵת יֶחְסַר / יוּחַן בְּפַת, דָּג וּבָשָׂר / יֵשֵׁב כְּשָׂר בְּלִי מַחְסָר / לַחְמוֹ נִכְפָּל
יוֹם שְׁבִיעִי, כְּמֵרוֹעֵי אֲזַי קָשְׁבוּ / בְּרֶדֶת דְּגַן שָׁמַיִם / בְּתֵת לֶחֶם יוֹמַיִם / אִישׁ תַּחְתָּיו שְׁבוּ.

יוֹם שַׁבָּת The Sabbath day, it is holy: / happy is the one who keeps it so, / and who remembers it over wine, // and will not take to heart / that his pocket is empty, nothing there; // let him be happy, quench his thirst, / and even if he must borrow, / our Rock will pay for his pains.

Let there be no lack of meat, wine, fish / among his delights, / and if these three are displayed, // may this man who seeks [Shabbat's] honor / be rewarded so – // [as] Joseph split / a fish, and found / pearls in its flesh.

And if the table is laid as it should be, / and the angel says, "Bless them: / this time be lasting," // then his enemies are silenced; / the evil angel replies "Amen"; // against his will / he will praise that man, / and his name will rise like the scent of good oil.

If women light their candles, / and keep the rules of purity, / and if they burn their ḥalla offering, // then their merit will defend them / when their time of birth comes; // and if they have not transgressed, / and have been careful, / then birth will come smoothly to them.

Give praise and song, / to the God who made Shabbat, / and on that day gave us the Torah, // called to Moses, "A gift, / is hidden in My treasure house, // and it is right for you, / now take it – / give it to the people that cannot be counted."

To any soul that groans: / when Shabbat comes, with it comes rest, / and gladness, joy and happiness; // He blessed and sanctified it with manna, / which did not fall that day, on the people still not widowed [of their God], // and Shabbat / restores our souls, / with the plentiful [manna] grain hidden in it.

At Marah we were commanded it / with care; / like mountains hung on a thread of hair, // such are all its detailed laws, / and those who keep all its commands // will inherit / a Day which is all / Shabbat, in all her glory.

This is the sign which God placed / between Himself and Israel, / on the seventh day, which is shown by // the river Sambatyon, / for it flows in torrents every day, / and rests on this, / and so you may tell / any keen dissenter.

Let the clamor of voices stop / as my songs grow strong, / for they shall flow down like rain. // Do not trespass on my ground: / song has fallen to my lot; // gather together / and do not use / my crown of song, which suits me.

יוֹם שַׁבָּת קֹדֶשׁ הוּא / אַשְׁרֵי הָאִישׁ שׁוֹמְרֵהוּ / וְעַל הַיַּיִן זוֹכְרֵהוּ
וְאַל יָשִׂים אֶל לִבּוֹ / הַכִּיס רֵיק וְאֵין בּוֹ
יִשְׂמַח וְיִרְוֶה / וְאִם לֹוֶה / הַצּוּר יִפְרַע אֶת חוֹבוֹ.

הַבָּשָׂר יַיִן וְדָגִים / אַל יֶחְסַר בְּתַעֲנוּגִים / וְאִם שָׁלֹשׁ אֵלֶּה לְפָנָיו צָגִים
זֶה יִהְיֶה שְׂכָרוֹ / אֲשֶׁר חָפֵץ בִּיקָרוֹ
יוֹסֵף חָצָה / דָּג, וּמָצָא / מַרְגָּלִיּוֹת בִּבְשָׂרוֹ.

וְאִם שֻׁלְחָן כַּדָּת עָרוּךְ / וּמַלְאַךְ אֵל יַעֲנֶה בָּרוּךְ / זֶה יִהְיֶה זְמַן אָרוּךְ
וְאֹיְבָיו יִהְיוּ כְּדֹמֶן / וּמַלְאַךְ רַע יַעֲנֶה אָמֵן
בְּעַל כָּרְחוֹ / יְסַפֵּר שִׁבְחוֹ / שְׁמוֹ יַעֲלֶה כְּטוֹב שֶׁמֶן.

נָשִׁים נֵרוֹת תַּדְלֵקְנָה / וְחֹק נִדּוֹת תַּחֲזֵקְנָה / וְהַחַלּוֹת תַּפְסֵקְנָה
יָגֵן בְּעֵדֶן זְכוּתָן / יוֹם בֹּא עֵת לֶדְתָּן
וְאִם לֹא עָבְרוּ / וְנִזְהָרוּ / אֲזַי קְרוֹבָה לֵדָתָן.

תְּנוּ שֶׁבַח וְשִׁירָה / לָאֵל אֲשֶׁר שַׁבָּת בָּרָא / וְלָנוּ בּוֹ נָתַן תּוֹרָה
קָרָא לְמֹשֶׁה מַתָּנָה / בְּבֵית גְּנָזַי הִיא טְמוּנָה
לְךָ יָאֲתָה / וְקַח אוֹתָהּ / תְּנָה לַעֲדַת מִי מָנָה.

נֶפֶשׁ כִּי נֶאֱנָחָה / בָּא שַׁבָּת בָּא מְנוּחָה / גִּיל וְשָׂשׂוֹן וְשִׂמְחָה
בָּרְכוּ וְקַדְּשׁוּ בְּמָן / מִלֶּדֶת לְעַם לֹא אַלְמָן
וְהַשַּׁבָּת / נֶפֶשׁ מְשִׁיבַת / בְּפִסַּת בַּר אֲשֶׁר טָמַן.

חֻקּוֹתֶיהָ בְּמָרָה / נִצְטַוּוּ בְּאַזְהָרָה / כַּהֲרָרִים בִּשְׂעָרָה
תְּלוּיִם הִלְכוֹתֶיהָ / שֹׁמְרֵי מִצְוֹתֶיהָ
יִנְחֲלוּ / יוֹם שֶׁכֻּלּוֹ / שַׁבָּת בְּצִבְאוֹתֶיהָ.

זֶה הָאוֹת אֲשֶׁר שָׂם אֵל / בֵּינוֹ וּבֵין בְּנֵי יִשְׂרָאֵל / וּבַשְּׁבִיעִי אֲשֶׁר הוֹאֵל
סַמְבַּטְיוֹן הַנָּהָר / שֶׁבְּכָל יוֹם רָץ, נִמְהָר
יוֹכִיחַ / בּוֹ מָנוֹחַ / תָּשִׁיב לְמִין הַנִּמְהָר.

קוֹלֵי קוֹלוֹת יֶחְדָּלוּן / בְּעֵת שִׁירַי יִגְדָּלוּן / כִּי כַּטַּל הֵם יִזָּלוּן
וְאַל יַשִּׂיגוּ גְּבוּלִי / בְּאֹרַח שִׁיר נָפַל חֶבְלִי
הִתְקוֹשְׁשׁוּ / וְאַל תִּשְׁמְשׁוּ / בְּנֵזֶר שִׁיר שָׁפְרָה לִי.

עַל אַהֲבָתְךָ I shall drink my cup dry to your love –
Peace to you, peace, Seventh Day.

The six days of work are as slaves to you.
I labor through them and am glutted with wanderings.
All of them are as a few days in my eyes,
so great is my love for you, Day of my pleasure.

I go out on Sunday to my labors,
to lay order ready for the Sabbath Day.
For God has planted blessing there –
You alone are my portion for all my pains.

My holy day shines with my Holy One's light;
sun and stars all envy my Sun.
What care I for Monday, what for Tuesday?
Wednesday may hide away the lights it brought to be.

By Thursday I shall hear a messenger of good,
for by then, tomorrow will bring rest to my soul.
Morning my servitude, evening for freedom;
I am called to the table of my King and Shepherd.

On Friday I find my soul happy,
for the time of respite is coming to me.
If now I shift and wander to seek some relief,
let evening come – I shall forget all my wanderings.

How lovely it is to me, this twilight time,
to greet the Sabbath's face with a new face of my own.
Come among the apple trees, there are many sweet things;
this is my day of rest, this, my beloved and friend.

עַל אַהֲבָתֵךְ אֶשְׁתֶּה גְּבִיעִי
שָׁלוֹם לָךְ, שָׁלוֹם, יוֹם הַשְּׁבִיעִי

שֵׁשֶׁת יְמֵי מַעֲשֶׂה לָךְ כַּעֲבָדִים
אִם אֶעֱבֹד בָּהֶם, אֶשְׂבַּע נְדוּדִים
כֻּלָּם בְּעֵינַי הֵם יָמִים אֲחָדִים
מֵאַהֲבָתִי בָךְ, יוֹם שַׁעֲשׁוּעַי

אֵצֵא בְּיוֹם רִאשׁוֹן לַעֲשׂוֹת מְלָאכָה
לַעֲרֹךְ לְיוֹם שַׁבָּת הַמַּעֲרָכָה
כִּי הָאֱלֹהִים שָׂם שָׁם בְּרָכָה
אַתָּה לְבַד, חֶלְקִי מִכָּל יְגִיעִי

מָאוֹר לְיוֹם קָדְשִׁי מֵאוֹר קְדוֹשִׁי
שֶׁמֶשׁ וְכוֹכָבִים קִנְאוּ לְשִׁמְשִׁי
מַה לִּי לְיוֹם שֵׁנִי, אוֹ לַשְּׁלִישִׁי
יַסְתִּיר מְאוֹרוֹתָיו יוֹם הָרְבִיעִי

אֶשְׁמַע מְבַשֵּׂר טוֹב מִיּוֹם חֲמִישִׁי
כִּי מָחֳרָת יִהְיֶה נֹפֶשׁ לְנַפְשִׁי
בֹּקֶר לַעֲבוֹדוֹתַי, עֶרֶב לְחָפְשִׁי
קָרוּא אֱלֵי שֻׁלְחַן מַלְכִּי וְרוֹעִי

אֶמְצָא בְּיוֹם שִׁשִּׁי נַפְשִׁי שְׂמֵחָה
כִּי קָרְבָה אֵלַי עֵת הַמְּנוּחָה
אִם נָע וָנָד אֵלֵךְ לִמְצוֹא רְוָחָה
עֶרֶב, וְאֶשְׁכַּח כָּל נוֹדִי וְנוֹעִי

מַה נֶּעֱמָה לִי עֵת בֵּין הַשְּׁמָשׁוֹת
לִרְאוֹת פְּנֵי שַׁבָּת, פָּנִים חֲדָשׁוֹת
בֹּאוּ בְּתַפּוּחִים, הַרְבּוּ אֲשִׁישׁוֹת
זֶה יוֹם מְנוּחָתִי, זֶה דוֹדִי וְרֵעִי.

יָהּ אֶכְסֹף Lord, I yearn the grace of Sabbath , perfectly fitting, one with Your treasured ones.
Draw the grace of Your reverence to a people that seeks Your desire.
Make them holy in the holiness of Shabbat, which is one with Your Torah;
open up for them the grace and desire to open the gates of Your desire.

He Who Was and Is, keep those who keep and watch for Your holy Shabbat:
as a deer longs for springs of water,
so their soul longs to receive the grace of Shabbat,
which is one with Your holy Name.
Shade those who linger before parting from Shabbat,
so that You will not be closed off from them in the six days
that take holiness from Your holy Shabbat.
And purify their hearts in truth and in faithfulness, to serve You.

(Let Your compassion ripple down through all Your aspects.)
Let Your compassion ripple down to Your holy people,
to quench those thirsting for Your kindness
from the river that flows from Eden;
to ornament Israel in the splendor of those
who glorify You in Your holy Shabbat;
to leave them, all six days, the heritage of Jacob whom You chose.

Shabbat, grace of souls; the seventh day, delight of spirits and Eden of life,
where they delight in Your love and in Your awe.
Holy Shabbat, my soul is sick with love for You;
holy Shabbat, the souls of Israel shall shelter in the shade of Your wings,
shall be nourished in the plenty of Your house.

יָהּ אֶכְסֹף נֹעַם שַׁבָּת הַמַּתְאֶמֶת וּמְיֻחֶדֶת בִּסְגֻלָּתֶךָ
מְשֹׁךְ נֹעַם יִרְאָתְךָ לְעַם מְבַקְשֵׁי רְצוֹנֶךָ
קַדְּשֵׁם בִּקְדֻשַּׁת הַשַּׁבָּת הַמִּתְאַחֶדֶת בְּתוֹרָתֶךָ
פְּתַח לָהֶם נֹעַם וְרָצוֹן לִפְתֹּחַ שַׁעֲרֵי רְצוֹנֶךָ

הָיָה הֹוֶה, שְׁמֹר שׁוֹמְרֵי וּמְצַפִּים שַׁבַּת קָדְשֶׁךָ
כְּאַיָּל תַּעֲרֹג עַל אֲפִיקֵי מָיִם
כֵּן נַפְשָׁם תַּעֲרֹג לְקַבֵּל נֹעַם שַׁבָּת הַמִּתְאַחֶדֶת בְּשֵׁם קָדְשֶׁךָ
הַצֵּל מְאַחֲרֵי לִפְרֹשׁ מִן הַשַּׁבָּת, לְבִלְתִּי תִהְיֶה סָגוּר מֵהֶם שִׁשָּׁה יָמִים
הַמְקַבְּלִים קְדֻשָּׁה מִשַּׁבַּת קָדְשֶׁךָ
וְטַהֵר לִבָּם בֶּאֱמֶת וּבֶאֱמוּנָה לְעָבְדֶךָ

(וִיהִיוּ רַחֲמֶיךָ מִתְגּוֹלְלִים עַל מִדּוֹתֶיךָ)
וִיהִיוּ רַחֲמֶיךָ מִתְגּוֹלְלִים עַל עַם קָדְשֶׁךָ
לְהַשְׁקוֹת צְמֵאֵי חַסְדְּךָ מִנָּהָר הַיּוֹצֵא מֵעֵדֶן
לְעַטֵּר אֶת יִשְׂרָאֵל בְּתִפְאֶרֶת, הַמְפָאֲרִים אוֹתְךָ עַל יְדֵי שַׁבַּת קָדְשֶׁךָ
כָּל שִׁשָּׁה יָמִים, לְהַנְחִילָם נַחֲלַת יַעֲקֹב בְּחִירֶךָ

הַשַּׁבָּת נֹעַם הַנְּשָׁמוֹת, וְהַשְּׁבִיעִי עֹנֶג הָרוּחוֹת וְעֵדֶן הַנְּפָשׁוֹת
לְהִתְעַדֵּן בְּאַהֲבָתְךָ וְיִרְאָתֶךָ
שַׁבַּת קֹדֶשׁ, נַפְשִׁי חוֹלַת אַהֲבָתֶךָ
שַׁבַּת קֹדֶשׁ, נַפְשׁוֹת יִשְׂרָאֵל בְּצֵל כְּנָפֶיךָ יֶחֱסָיוּן
יִרְוְיֻן מִדֶּשֶׁן בֵּיתֶךָ.

בַּר יוֹחַאי Bar Yoḥai, you are annointed, happy man!
with oil of joy, more than all your friends.

Bar Yoḥai, with holy anointing oil,
holiness anointed you.
You have worn the high priest's
headpiece, marked "holy";
your crown is dressed with your splendor.

Bar Yoḥai, you settled in a good place
on the day of your flight, when you ran away
to the cave of rocks; there you stood,
and there you gained your glory and honor.

Bar Yoḥai, of the [Tabernacle's] standing acacia planks
do the learned of the Lord learn from you.
It is enchanted light, the altar-light your teachers
burn; is it not they who teach your words?

Bar Yoḥai, you came to the apple orchard
and climbed up to gather sweet spices,
the secrets of the Torah among the buds and the flowers –
"Let Us make man" was said for your sake.

Bar Yoḥai, you dressed yourself in might,
and forced the battle of the Law's fire back to the gate.
You drew your sword out from its sheath
and brandished it against your tormentors.

בַּר יוֹחַאי, נִמְשַׁחְתָּ, אַשְׁרֶיךָ
שֶׁמֶן שָׂשׂוֹן מֵחֲבֵרֶיךָ

בַּר יוֹחַאי, שֶׁמֶן מִשְׁחַת קֹדֶשׁ
נִמְשַׁחְתָּ מִמִּדַּת הַקֹּדֶשׁ
נָשָׂאתָ צִיץ נֵזֶר הַקֹּדֶשׁ
חָבוּשׁ עַל רֹאשְׁךָ, פְּאֵרֶךָ

בַּר יוֹחַאי, מוֹשַׁב טוֹב יָשַׁבְתָּ
יוֹם נַסְתָּ, יוֹם אֲשֶׁר בָּרַחְתָּ
בִּמְעָרַת צוּרִים שֶׁעָמַדְתָּ
שָׁם קָנִיתָ הוֹדְךָ וַהֲדָרֶךָ

בַּר יוֹחַאי, עֲצֵי שִׁטִּים עוֹמְדִים
לְמוּדֵי יהוה הֵם לוֹמְדִים
אוֹר מֻפְלָא, אוֹר הַיְקוֹד הֵם יוֹקְדִים
הֲלֹא הֵמָּה יוֹרוּךָ, מוֹרֶיךָ

בַּר יוֹחַאי, בָּאתָ לִשְׂדֵה תַּפּוּחִים
וְעָלִיתָ לִלְקֹט בּוֹ מֶרְקָחִים
סוֹד תּוֹרָה בְּצִיצִים וּפְרָחִים
"נַעֲשֶׂה אָדָם" נֶאֱמַר בַּעֲבוּרֶךָ

בַּר יוֹחַאי, נֶאֱזַרְתָּ בִגְבוּרָה
וּבְמִלְחֶמֶת אֵשׁ דָּת הַשַּׁעְרָה
וְחֶרֶב הוֹצֵאתָ מִתַּעְרָהּ
שָׁלַפְתָּ נֶגֶד צוֹרְרֶיךָ

Bar Yoḥai, to a place of marble stones
you came, to the presence of a lion;
and even the globes atop the pillars above the Great Bear
you saw – but who shall ever see you?

Bar Yoḥai, in the Holy of Holies
stretches the green horizon, the beginning of new things;
seven Sabbaths, the secrets of all fifty [gates of wisdom]
you bound; your knots are the *shin*
knots [of God's tefillin].

Bar Yoḥai, you saw the *yod* of ancient Wisdom,
with its innermost honor,
the thirty-two paths [of creation],
beginning of the offering –
you are the cherub anointed with the brilliance of your light.

Bar Yoḥai, at the wondrous light which is highest of all,
you were afraid to look, for it is too much;
this mystery – it is called Nothingness –
you, like it, shall be seen by no eye.

Bar Yoḥai, happy the one who gave birth to you,
happy the people who learn from you,
happy those who can reach your secrets,
wearing the priest's breast-plate
of your truth-telling stones.

בַּר יוֹחַאי, לִמְקוֹם אַבְנֵי שַׁיִשׁ
הִגַּעְתָּ, וּפְנֵי אַרְיֵה לַיִשׁ
גַּם גֻּלַּת כֹּתֶרֶת עַל עַיִשׁ
תָּשׁוּרִי, וּמִי יְשׁוּרֶךָ

בַּר יוֹחַאי, בְּקֹדֶשׁ הַקֳּדָשִׁים
קַו יָרֹק מְחַדֵּשׁ חֳדָשִׁים
שֶׁבַע שַׁבָּתוֹת, סוֹד חֲמִשִּׁים
קָשַׁרְתָּ קִשְׁרֵי שִׁי״ן קְשָׁרֶיךָ

בַּר יוֹחַאי, יוֹ״ד חָכְמָה קְדוּמָה
הִשְׁקַפְתָּ, לִכְבוֹדוֹ פְּנִימָה
ל״ב נְתִיבוֹת, רֵאשִׁית תְּרוּמָה
אַתְּ כְּרוּב מִמְשַׁח זִיו אוֹרֶךָ

בַּר יוֹחַאי, אוֹר מֻפְלָא, רוּם מַעְלָה
יָרֵאתָ מִלְּהַבִּיט, כִּי רַב לָהּ
תַּעֲלוּמָה, וְאֵין קוֹרֵא לָהּ
נַמְתָּ: עַיִן לֹא תְשׁוּרֶךָ

בַּר יוֹחַאי, אַשְׁרֵי יוֹלַדְתֶּךָ
אַשְׁרֵי הָעָם, הֵם לוֹמְדֶיךָ
אַשְׁרֵי הָעוֹמְדִים עַל סוֹדֶךָ
לְבוּשֵׁי חֹשֶׁן תֻּמֶּיךָ וְאוּרֶיךָ.

צוּר מִשֶּׁלּוֹ The Rock from whom we have eaten:
bless Him, my faithful friends;
we have been satisfied, we have left over,
just as the LORD said.

He feeds His world – our Shepherd, our Father,
we have eaten of His bread, His wine we have drunk.
So let us thank His name, let us praise Him with our mouths,
saying, singing: None is holy like the LORD.

> The Rock from whom we have eaten: bless Him, my faithful friends;
> we have been satisfied, we have left over, just as the LORD said.

With song and sound of thanks, we shall bless our God,
for the gift He gave our fathers: a lovely land.
With food and sustenance He has satisfied our souls.
His kindness overwhelms us: True is the LORD.

> The Rock from whom we have eaten: bless Him, my faithful friends;
> we have been satisfied, we have left over, just as the LORD said.

Have compassion in Your love for Your people, our Rock,
for Zion, Your home of glory, Temple of our splendor.
The son of David Your servant: may he come and redeem us,
breath of our life, anointed of the LORD.

> The Rock from whom we have eaten: bless Him, my faithful friends;
> we have been satisfied, we have left over, just as the LORD said.

May the Temple be rebuilt, Zion's city full again;
there we will sing a new song as we go up in joy,
to the Compassionate, the Holy One – may He be blessed and raised on high –
with a full cup of wine, sign of the blessing of the LORD.

> The Rock from whom we have eaten: bless Him, my faithful friends;
> we have been satisfied, we have left over, just as the LORD said.

צוּר מִשֶּׁלּוֹ אָכַלְנוּ   בָּרְכוּ אֱמוּנַי
שָׂבַעְנוּ וְהוֹתַרְנוּ   כִּדְבַר יהוה.

הַזָּן אֶת עוֹלָמוֹ   רוֹעֵנוּ אָבִינוּ
אָכַלְנוּ אֶת לַחְמוֹ   וְיֵינוֹ שָׁתִינוּ
עַל כֵּן נוֹדֶה לִשְׁמוֹ   וּנְהַלְלוֹ בְּפִינוּ
אָמַרְנוּ וְעָנִינוּ   אֵין קָדוֹשׁ כַּיהוה.

צוּר מִשֶּׁלּוֹ אָכַלְנוּ, בָּרְכוּ אֱמוּנַי, שָׂבַעְנוּ וְהוֹתַרְנוּ כִּדְבַר יהוה.

בְּשִׁיר וְקוֹל תּוֹדָה   נְבָרֵךְ אֱלֹהֵינוּ
עַל אֶרֶץ חֶמְדָּה   שֶׁהִנְחִיל לַאֲבוֹתֵינוּ
מָזוֹן וְצֵידָה   הִשְׂבִּיעַ לְנַפְשֵׁנוּ
חַסְדּוֹ גָּבַר עָלֵינוּ   וֶאֱמֶת יהוה.

צוּר מִשֶּׁלּוֹ אָכַלְנוּ, בָּרְכוּ אֱמוּנַי, שָׂבַעְנוּ וְהוֹתַרְנוּ כִּדְבַר יהוה.

רַחֵם בְּחַסְדֶּךָ   עַל עַמְּךָ צוּרֵנוּ
עַל צִיּוֹן מִשְׁכַּן כְּבוֹדֶךָ   זְבוּל בֵּית תִּפְאַרְתֵּנוּ
בֶּן דָּוִד עַבְדֶּךָ   יָבוֹא וְיִגְאָלֵנוּ
רוּחַ אַפֵּינוּ   מְשִׁיחַ יהוה.

צוּר מִשֶּׁלּוֹ אָכַלְנוּ, בָּרְכוּ אֱמוּנַי, שָׂבַעְנוּ וְהוֹתַרְנוּ כִּדְבַר יהוה.

יִבָּנֶה הַמִּקְדָּשׁ   עִיר צִיּוֹן תְּמַלֵּא
וְשָׁם נָשִׁיר שִׁיר חָדָשׁ   וּבִרְנָנָה נַעֲלֶה
הָרַחֲמָן הַנִּקְדָּשׁ   יִתְבָּרַךְ וְיִתְעַלֶּה
עַל כּוֹס יַיִן מָלֵא   כְּבִרְכַּת יהוה.

צוּר מִשֶּׁלּוֹ אָכַלְנוּ, בָּרְכוּ אֱמוּנַי, שָׂבַעְנוּ וְהוֹתַרְנוּ כִּדְבַר יהוה.

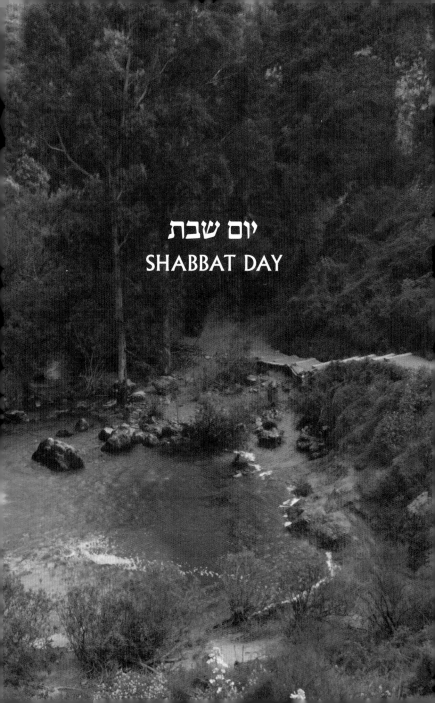

יום שבת
SHABBAT DAY

KIDDUSH AND ZEMIROT FOR
SHABBAT MORNING

Some say:

אַתְקִינוּ Prepare the feast of perfect faith, joy of the holy King. Prepare the royal feast, this is the feast [mystically known as] "the Holy Ancient One" – and "the Small Face" and "the Field of Holy Apples" [mystical terms for aspects of the Divine] come to partake in the feast with it.

אֲסַדֵּר I will prepare the Sabbath morning feast, and invite to it "the Holy Ancient One." May His radiance shine on it, on the great Kiddush and goodly wine that gladdens the soul. May He send us His splendor; may we see His glory; may He reveal to us His whispered secrets. May He disclose to us the reason for the twelve loaves of bread, which are [the twelve combinations of the letters of] His name, and [the twelve sons of Jacob] the youngest patriarch. May we be united with the One above, who gives life to all; may our strength increase and [our prayers] reach [God's] head. Laborers in the field [of Torah] rejoice with speech and voice, speaking words sweet as honey. Before the Master of the Universe, reveal the meaning of, and give new interpretations to, matters veiled in mystery. To adorn the table with precious secrets, deep, esoteric, not widely to be shared. These words will become a firmament; new heavens, and then [the Glorious One] will be the sun. He will be lifted to a higher level, and take again His bride, from whom He has been separated.

חַי יהוה The LORD lives; my Rock is blessed. My soul glories in the LORD. For the LORD gives light to my lamp; His radiance shines on my head. The LORD is my Shepherd, I shall not want. He leads me beside the still waters. He gives food to all flesh; He feeds me my daily bread. May it be Your will, You, my holy God, To prepare a table before me, to anoint my head with oil. Who will lay my rest before the LORD of peace, and grant that my children stay faithful, [blessed with] life and peace? May He send His angel before me, to accompany me on the way. I lift my face with a cup of salvation; my cup is filled to overflowing. My soul thirsts for God; may He fill my store with plenty. I lift my eyes to the sages, [celebrating Shabbat] like Hillel, not Shammai. Most delightful of days and eternity's years; awake, my soul, awake. Above my head let there shine as one, the lamp of the commandments and the Torah's light. Advance, LORD, to where I rest; You and Your mighty Ark. Please, God, take my blessing and strengthen the shield of Your seer.

מִזְמוֹר לְדָוִד A psalm of David. The LORD is my Shepherd, I shall not want. He makes me lie down in green pastures. He leads me beside the still waters. He refreshes my soul. He guides me in the paths of righteousness for His name's sake. Though I walk through the valley of the shadow of death, I will fear no evil, for You are with me; Your rod and Your staff, they comfort me. You set a table before me in the presence of my enemies; You anoint my head with oil; my cup is filled to overflowing. May goodness and kindness follow me all the days of my life, and may I live in the House of the LORD for evermore.

קידוש וזמירות ליום שבת

Some say:

אַתְקִינוּ סְעוּדְתָא דִמְהֵימְנוּתָא שְׁלִימְתָא, חֶדְוְתָא דְמַלְכָּא קַדִּישָׁא. אַתְקִינוּ סְעוּדְתָא דְמַלְכָּא. דָּא הִיא סְעוּדְתָא דְעַתִּיקָא קַדִּישָׁא, וּזְעֵיר אַנְפִּין וַחֲקַל תַּפּוּחִין קַדִּישִׁין אָתְיָן לְסַעֲדָה בַּהֲדֵהּ.

אֲסַדֵּר לִסְעוּדְתָא בְּצַפְרָא דְשַׁבַּתָּא וְאַזְמִין בַּהּ הַשְׁתָּא עַתִּיקָא קַדִּישָׁא.
נְהוֹרֵהּ יִשְׁרֵי בַהּ בְּקִדּוּשָׁא רַבָּה וּמֵחַמְרָא טָבָא דְּבֵהּ תֶּחְדֵּי נַפְשָׁא.
יְשַׁדַּר לַן שְׁפְרֵהּ וְנֶחֱזֵי בִיקָרֵהּ וְיַחֲוֵי לַן סִתְרֵהּ דְּמִתְּמַר בִּלְחִישָׁא.
יְגַלֵּה לַן טַעְמֵי דְּבִתְרֵיסַר נַהֲמֵי דְּאִנּוּן אָת בִּשְׁמֵהּ כְּפִילָה וּקְלִישָׁא.
צְרוֹרָא דִלְעֵלָּא דְּבֵהּ חַיֵּי כֹלָּא וְיִתְרַבֵּי חֵילָא וְתִסַּק עַד רֵישָׁא.
חֲדוּ חַצְדֵי חַקְלָא בְּדִבּוּר וּבְקָלָא וּמַלְּלוּ מִלָּה מְתִיקָא כְּדֻבְשָׁא.
קֳדָם רִבּוֹן עָלְמִין בְּמִלִּין סְתִימִין תְּגַלּוּן פִּתְגָמִין וְתֵימְרוּן חִדּוּשָׁא.
לְעַטֵּר פָּתוֹרָא בְּרָזָא יַקִּירָא עֲמִיקָא וּטְמִירָא וְלָאו מִלְּתָא אֲוָשָׁא.
וְאִלֵּין מִלַּיָּא יְהוֹן לִרְקִיעַיָּא חֲדְתִּין וּשְׁמַיָּא בְּכֵן הַהוּא שִׁמְשָׁא.
רְבוּ יַתִּיר יִסְגֵּי לְעֵילָּא מִן דַּרְגֵּהּ וְיִסַּב בַּת זוּגֵהּ דַּהֲוַת פְּרִישָׁא.

חַי יהוה וּבָרוּךְ צוּרִי, בַּיהוה תִּתְהַלֵּל נַפְשִׁי, כִּי יהוה יָאִיר נֵרִי, בְּהִלּוֹ נֵרוֹ עֲלֵי רֹאשִׁי.
יהוה רוֹעִי לֹא אֶחְסָר, עַל מֵי מְנוּחוֹת יְנַהֲלֵנִי, נוֹתֵן לֶחֶם לְכָל בָּשָׂר, לֶחֶם חֻקִּי הַטְרִיפֵנִי.
יְהִי רָצוֹן מִלְּפָנֶיךָ, אַתָּה אֱלֹהֵי קְדוֹשִׁי, תַּעֲרֹךְ לְפָנַי שֻׁלְחָנֶךָ, תְּדַשֵּׁן בַּשֶּׁמֶן רֹאשִׁי.
מִי יִתֵּן מְנוּחָתִי, לִפְנֵי אֲדוֹן הַשָּׁלוֹם, וְהָיְתָה שְׁלֵמָה מִטָּתִי, הַחַיִּים וְהַשָּׁלוֹם.
יִשְׁלַח מַלְאָכוֹ לְפָנַי, לְלַוּוֹתִי לְוָיָה, בְּכוֹס יְשׁוּעוֹת אֶשָּׂא פָנַי, מְנָת כּוֹסִי רְוָיָה.
צָמְאָה נַפְשִׁי אֶל יהוה, יְמַלֵּא שֹׂבַע אֲסָמַי, אֶל הֶהָרִים אֶשָּׂא עֵינַי, כְּהִלֵּל וְלֹא כְשַׁמַּאי.
חֶדְוַת יָמִים וּשְׁנוֹת עוֹלָמִים, עוּרָה כְבוֹדִי עוּרָה, וְעַל רֹאשִׁי יִהְיוּ תַמִּים, נֵר מִצְוָה וְאוֹר תּוֹרָה.
קוּמָה יהוה לִמְנוּחָתִי, אַתָּה וַאֲרוֹן עֻזֶּךָ, קַח נָא אֵל אֶת בִּרְכָתִי, וְהַחֲזֵק מָגֵן חוֹזֶךָ.

תהלים כג מִזְמוֹר לְדָוִד, יהוה רֹעִי לֹא אֶחְסָר: בִּנְאוֹת דֶּשֶׁא יַרְבִּיצֵנִי, עַל־מֵי מְנֻחוֹת יְנַהֲלֵנִי: נַפְשִׁי יְשׁוֹבֵב, יַנְחֵנִי בְמַעְגְּלֵי־צֶדֶק לְמַעַן שְׁמוֹ: גַּם כִּי־אֵלֵךְ בְּגֵיא צַלְמָוֶת לֹא־אִירָא רָע, כִּי־אַתָּה עִמָּדִי, שִׁבְטְךָ וּמִשְׁעַנְתֶּךָ הֵמָּה יְנַחֲמֻנִי: תַּעֲרֹךְ לְפָנַי שֻׁלְחָן נֶגֶד צֹרְרָי, דִּשַּׁנְתָּ בַשֶּׁמֶן רֹאשִׁי, כּוֹסִי רְוָיָה: אַךְ טוֹב וָחֶסֶד יִרְדְּפוּנִי כָּל־יְמֵי חַיָּי, וְשַׁבְתִּי בְּבֵית־יהוה לְאֹרֶךְ יָמִים:

KIDDUSH FOR SHABBAT MORNING

Some say:

אִם־תָּשִׁיב If you keep your feet from breaking the Sabbath, and from pursuing your affairs on My holy day, if you call the Sabbath a delight, and the Lord's holy day honorable, and if you honor it by not going your own way or attending to your own affairs, or speaking idle words, then you will find joy in the Lord, and I will cause you to ride on the heights of the earth and to feast on the inheritance of your father Jacob, for the mouth of the Lord has spoken.

Most begin Kiddush here. On Yom Tov that falls on Shabbat, say the Kiddush on page 74.

וְשָׁמְרוּ The children of Israel must keep the Sabbath, observing the Sabbath in every generation as an everlasting covenant. It is a sign between Me and the children of Israel for ever, for in six days the Lord made the heavens and the earth, but on the seventh day He ceased work and refreshed Himself.

זָכוֹר Remember the Sabbath day to keep it holy. Six days you shall labor and do all your work, but the seventh day is a Sabbath of the Lord your God; on it you shall not do any work – you, your son or daughter, your male or female slave, or your cattle, or the stranger within your gates. For in six days the Lord made heaven and earth and sea and all that is in them, and rested on the seventh day; therefore the Lord blessed the Sabbath day and declared it holy.

When saying Kiddush for others, add:
Please pay attention, my masters.

בָּרוּךְ Blessed are You, Lord our God, King of the Universe,
who creates the fruit of the vine.

On Shabbat Ḥol HaMoed Sukkot, if Kiddush is made in the sukka add:
בָּרוּךְ Blessed are You, Lord our God, King of the Universe, who has made us holy through His commandments and has commanded us to dwell in the sukka.

קידושא רבה

Some say:

ישעיה נח אִם־תָּשִׁיב מִשַּׁבָּת רַגְלֶךָ עֲשׂוֹת חֲפָצֶךָ בְּיוֹם קָדְשִׁי, וְקָרָאתָ לַשַּׁבָּת עֹנֶג לִקְדוֹשׁ
יהוה מְכֻבָּד, וְכִבַּדְתּוֹ מֵעֲשׂוֹת דְּרָכֶיךָ מִמְּצוֹא חֶפְצְךָ וְדַבֵּר דָּבָר: אָז תִּתְעַנַּג עַל־
יהוה, וְהִרְכַּבְתִּיךָ עַל־בָּמֳתֵי אָרֶץ, וְהַאֲכַלְתִּיךָ נַחֲלַת יַעֲקֹב אָבִיךָ, כִּי פִּי יהוה דִּבֵּר:

Most begin קידוש *here. On* יום טוב *that falls on* שבת *say the* קידוש *on page 75.*

שמות לא וְשָׁמְרוּ בְנֵי־יִשְׂרָאֵל אֶת־הַשַּׁבָּת, לַעֲשׂוֹת אֶת־הַשַּׁבָּת לְדֹרֹתָם בְּרִית עוֹלָם:
בֵּינִי וּבֵין בְּנֵי יִשְׂרָאֵל אוֹת הִוא לְעֹלָם, כִּי־שֵׁשֶׁת יָמִים עָשָׂה יהוה אֶת־הַשָּׁמַיִם
וְאֶת־הָאָרֶץ וּבַיּוֹם הַשְּׁבִיעִי שָׁבַת וַיִּנָּפַשׁ:

שמות כ זָכוֹר אֶת־יוֹם הַשַּׁבָּת לְקַדְּשׁוֹ: שֵׁשֶׁת יָמִים תַּעֲבֹד, וְעָשִׂיתָ כָּל־מְלַאכְתֶּךָ: וְיוֹם
הַשְּׁבִיעִי שַׁבָּת לַיהוה אֱלֹהֶיךָ, לֹא־תַעֲשֶׂה כָל־מְלָאכָה אַתָּה וּבִנְךָ וּבִתֶּךָ,
עַבְדְּךָ וַאֲמָתְךָ וּבְהֶמְתֶּךָ, וְגֵרְךָ אֲשֶׁר בִּשְׁעָרֶיךָ: כִּי שֵׁשֶׁת־יָמִים עָשָׂה יהוה
אֶת־הַשָּׁמַיִם וְאֶת־הָאָרֶץ אֶת־הַיָּם וְאֶת־כָּל־אֲשֶׁר־בָּם, וַיָּנַח בַּיּוֹם הַשְּׁבִיעִי,
עַל־כֵּן בֵּרַךְ יהוה אֶת־יוֹם הַשַּׁבָּת וַיְקַדְּשֵׁהוּ:

When saying קידוש *for others, add:*

סַבְרִי מָרָנָן

בָּרוּךְ אַתָּה יהוה אֱלֹהֵינוּ מֶלֶךְ הָעוֹלָם בּוֹרֵא פְּרִי הַגָּפֶן.

On שבת חול המועד סוכות *if* קידוש *is made in the* סוכה *add:*

בָּרוּךְ אַתָּה יהוה אֱלֹהֵינוּ מֶלֶךְ הָעוֹלָם
אֲשֶׁר קִדְּשָׁנוּ בְּמִצְוֹתָיו, וְצִוָּנוּ לֵישֵׁב בַּסֻּכָּה.

KIDDUSH FOR YOM TOV MORNING

On Shabbat Ḥol HaMo'ed, *turn to page 72.*
On a Yom Tov that falls on Shabbat, start Kiddush here:

וְשָׁמְרוּ The children of Israel must keep the Sabbath, observing the Sabbath in every generation as an everlasting covenant. It is a sign between Me and the children of Israel for ever, for in six days the Lord made the heavens and the earth, but on the seventh day He ceased work and refreshed Himself.

זָכוֹר Remember the Sabbath day to keep it holy. Six days you shall labor and do all your work, but the seventh day is a Sabbath of the Lord your God; on it you shall not do any work – you, your son or daughter, your male or female slave, or your cattle, or the stranger within your gates. For in six days the Lord made heaven and earth and sea and all that is in them, and rested on the seventh day;

On a Yom Tov that falls on Shabbat, some start Kiddush here instead:
Therefore the Lord blessed the Sabbath day and declared it holy.

On a Yom Tov that falls on a weekday, start here:

אֵלֶּה These are the appointed times of the Lord,
sacred assemblies, which you shall announce in their due season.
Thus Moses announced the Lord's appointed seasons
to the children of Israel.

On Rosh HaShana add:

תִּקְעוּ Sound the shofar on the new moon, on our feast day when the moon is hidden. For it is a statute for Israel, an ordinance of the God of Jacob.

When saying Kiddush for others, add:
Please pay attention, my masters.

בָּרוּךְ Blessed are You, Lord our God, King of the Universe,
who creates the fruit of the vine.

On Sukkot: בָּרוּךְ Blessed are You, Lord our God, King of the Universe,
who has made us holy through His commandments
and has commanded us to dwell in the sukka.

קידושא רבה ליום טוב

On שבת חול המועד *turn to page 73.*

On יום טוב *that falls on* שבת*, start* קידוש *here:*

שמות לא וְשָׁמְרוּ בְנֵי־יִשְׂרָאֵל אֶת־הַשַּׁבָּת, לַעֲשׂוֹת אֶת־הַשַּׁבָּת לְדֹרֹתָם בְּרִית עוֹלָם: בֵּינִי וּבֵין בְּנֵי יִשְׂרָאֵל אוֹת הִוא לְעֹלָם, כִּי־שֵׁשֶׁת יָמִים עָשָׂה יהוה אֶת־הַשָּׁמַיִם וְאֶת־הָאָרֶץ וּבַיּוֹם הַשְּׁבִיעִי שָׁבַת וַיִּנָּפַשׁ:

שמות כ זָכוֹר אֶת־יוֹם הַשַּׁבָּת לְקַדְּשׁוֹ: שֵׁשֶׁת יָמִים תַּעֲבֹד, וְעָשִׂיתָ כָּל־מְלַאכְתֶּךָ: וְיוֹם הַשְּׁבִיעִי שַׁבָּת לַיהוה אֱלֹהֶיךָ, לֹא־תַעֲשֶׂה כָל־מְלָאכָה אַתָּה וּבִנְךָ וּבִתֶּךָ, עַבְדְּךָ וַאֲמָתְךָ וּבְהֶמְתֶּךָ, וְגֵרְךָ אֲשֶׁר בִּשְׁעָרֶיךָ: כִּי שֵׁשֶׁת־יָמִים עָשָׂה יהוה אֶת־הַשָּׁמַיִם וְאֶת־הָאָרֶץ אֶת־הַיָּם וְאֶת־כָּל־אֲשֶׁר־בָּם, וַיָּנַח בַּיּוֹם הַשְּׁבִיעִי

On יום טוב *that falls on* שבת*, some start* קידוש *here instead:*

עַל־כֵּן בֵּרַךְ יהוה אֶת־יוֹם הַשַּׁבָּת וַיְקַדְּשֵׁהוּ:

On יום טוב *that falls on a weekday, start here:*

ויקרא כג אֵלֶּה מוֹעֲדֵי יהוה מִקְרָאֵי קֹדֶשׁ אֲשֶׁר־תִּקְרְאוּ אֹתָם בְּמוֹעֲדָם:
וַיְדַבֵּר מֹשֶׁה אֶת־מֹעֲדֵי יהוה אֶל־בְּנֵי יִשְׂרָאֵל:

On ראש השנה *add:*

תהלים פא תִּקְעוּ בַחֹדֶשׁ שׁוֹפָר, בַּכֶּסֶה לְיוֹם חַגֵּנוּ:
כִּי חֹק לְיִשְׂרָאֵל הוּא, מִשְׁפָּט לֵאלֹהֵי יַעֲקֹב:

When saying קידוש *for others, add:*

סַבְרִי מָרָנָן

בָּרוּךְ אַתָּה יהוה אֱלֹהֵינוּ מֶלֶךְ הָעוֹלָם
בּוֹרֵא פְּרִי הַגָּפֶן.

בסוכות: בָּרוּךְ אַתָּה יהוה אֱלֹהֵינוּ מֶלֶךְ הָעוֹלָם
אֲשֶׁר קִדְּשָׁנוּ בְּמִצְוֹתָיו, וְצִוָּנוּ לֵישֵׁב בַּסֻּכָּה.

ZEMIROT FOR SHABBAT DAY

בָּרוּךְ אֲדֹנָי יוֹם יוֹם Blessed be the Lord who, day by day, carries our burden with salvation and redemption. We will rejoice in His name all day long, and raise our head high in His salvation. For He is a stronghold for the poor and a refuge for the needy.

The Lord's tribes are Israel's testimony: He was distressed in their distress, in their suffering and slavery. Through a pavement of sapphire He showed them the strength of His love; He revealed Himself, lifting them from the depths of the pit. For with the Lord is loving-kindness; He abounds in redemption.

How precious is His loving-kindness; He shelters them under His shade. For their sake He went with them into exile in Babylon. When they went down in ships, He was counted among them. He ensured that they were treated mercifully by those who took them captive. For the Lord will not forsake His people, for the sake of His great name.

In Eilam He placed His throne, to rescue His beloved, to remove from them the stronghold of His rebels. He redeemed His servants from passing under the sword. He raised the pride of His people, for the glory of all His devoted ones. For though He afflicts, He also shows compassion and loving-kindness.

When the he-goat [Greece] extended its power, and the "vision of the four" ascended to the heights, and in their hearts they intended to destroy those He loved, through His priests He laid low those who rose against Him: The Lord's kindness has not ended nor His compassion ceased.

I was handed over to Edom [Rome] by my quarrelsome friends, who daily sated their appetite with my treasures. His help was with me, supporting my foundations; He will not forsake me all the days of my age. For the Lord does not reject forever.

When He comes from Edom with garments stained crimson, there will be slaughter in Botzra, and an execution of traitors, their blood will turn His garments red, in His great strength He will bring the leaders low. With His mighty blast like a day of the east wind.

When the oppressor from Edom sees how it will be, He will think Botzra to be a refuge like Betzer, giving protection to angels and men, willful and accidental sinners alike. Love the Lord, all His devoted ones: all His faithful ones He will guard.

זמירות ליום שבת

בָּרוּךְ אֲדֹנָי יוֹם יוֹם, יַעֲמָס לָנוּ יֶשַׁע וּפִדְיוֹם, וּבִשְׁמוֹ נָגִיל כָּל הַיּוֹם, וּבִישׁוּעָתוֹ
נָרִים רֹאשׁ עֶלְיוֹן. כִּי הוּא מָעוֹז לַדָּל וּמַחְסֶה לָאֶבְיוֹן.

שִׁבְטֵי יָהּ לְיִשְׂרָאֵל עֵדוּת, בְּצָרָתָם לוֹ צָר בְּסִבְלוּת וּבְעַבְדוּת, בְּלִבְנַת הַסַּפִּיר
הֶרְאָם עֹז יְדִידוּת, וְנִגְלָה לְהַעֲלוֹתָם מֵעֹמֶק בּוֹר וָדוּת. כִּי־עִם־יהוה הַחֶסֶד, תהלים קל
וְהַרְבֵּה עִמּוֹ פְדוּת:

מַה יָּקָר חַסְדּוֹ בְּצִלּוֹ לְגוֹנְנֵמוֹ, בְּגָלוּת בָּבֶלָה שֻׁלַּח לְמַעֲנֵמוֹ, לְהוֹרִיד בָּרִיחִים
נִמְנָה בֵינֵימוֹ, וַיִּתְּנֵם לְרַחֲמִים לִפְנֵי שׁוֹבֵימוֹ. כִּי לֹא יִטֹּשׁ יהוה אֶת עַמּוֹ, בַּעֲבוּר
הַגָּדוֹל שְׁמוֹ.

עֵילָם שָׁת כִּסְאוֹ לְהַצִּיל יְדִידָיו, לְהַאֲבִיד מִשָּׁם מָעֻזְנֵי מוֹרְדָיו, מֵעֲבוֹר בַּשֶּׁלַח פָּדָה
אֶת עֲבָדָיו, קֶרֶן לְעַמּוֹ יָרִים, תְּהִלָּה לְכָל חֲסִידָיו. כִּי אִם־הוֹגָה, וְרִחַם כְּרֹב חֲסָדָו: איכה ג

וּצְפִיר הָעִזִּים הִגְדִּיל עֲצוּמָיו, וְגַם חָזוּת אַרְבַּע עָלוּ לִמְרוֹמָיו, וּבְלִבָּם דִּמּוּ לְהַשְׁחִית
אֶת רְחוּמָיו, עַל יְדֵי כֹהֲנָיו מִגֵּר מִתְקוֹמְמָיו. חַסְדֵי יהוה כִּי לֹא־תָמְנוּ, כִּי לֹא איכה ג
כָלוּ רַחֲמָיו:

נִסְגַּרְתִּי לֶאֱדוֹם בְּיַד רֵעַי מְדָנַי, שֶׁבְּכָל יוֹם מְמַלְּאִים כְּרֵסָם מֵעֲדָנַי, עֶזְרָתוֹ עִמִּי
לִסְמֹךְ אֶת אֲדָנַי, וְלֹא נְטַשְׁתַּנִי כָּל יְמֵי עִדָּנַי. כִּי לֹא יִזְנַח לְעוֹלָם אֲדֹנָי: איכה ג

בְּבוֹאוֹ מֵאֱדוֹם חֲמוּץ בְּגָדִים, זֶבַח לוֹ בְּבָצְרָה וְטֶבַח לוֹ בְּבוֹגְדִים, וְיֵז נִצְחָם
מַלְבּוּשָׁיו לְהַאְדִּים, בְּכֹחוֹ הַגָּדוֹל יִבְצֹר רוּחַ נְגִידִים. הָגָה בְּרוּחוֹ הַקָּשָׁה בְּיוֹם קָדִים: ישעיה כז

רְאוֹתוֹ כִּי כֵן אֲדוֹמִי הָעוֹצֵר, יַחְשֹׁב לוֹ בָּצְרָה תִּקְלֹט כְּבֶצֶר, וּמַלְאָךְ כְּאָדָם בְּתוֹכָהּ
יִנָּצֵר, וּמֵזִיד כַּשּׁוֹגֵג בְּמִקְלָט יֵעָצֵר. אֶהֱבוּ אֶת־יהוה כָּל־חֲסִידָיו, אֱמוּנִים נֹצֵר: תהלים לא

יְצַוֶּה צוּר חַסְדּוֹ קְהִלּוֹתָיו לְקַבֵּץ, מֵאַרְבַּע רוּחוֹת עָדָיו לְהִקָּבֵץ, וּבְהַר מְרוֹם הָרִים אוֹתָנוּ לְהַרְבֵּץ, וְאִתָּנוּ יָשׁוּב נִדָּחִים קוֹבֵץ. יָשִׁיב לֹא נֶאֱמַר, כִּי אִם וְשָׁב וְקִבֵּץ.

בָּרוּךְ הוּא אֱלֹהֵינוּ אֲשֶׁר טוֹב גְּמָלָנוּ, כְּרַחֲמָיו וּכְרֹב חֲסָדָיו הִגְדִּיל לָנוּ, אֵלֶּה וְכָאֵלֶּה יוֹסֵף עִמָּנוּ, לְהַגְדִּיל שְׁמוֹ הַגָּדוֹל הַגִּבּוֹר וְהַנּוֹרָא, שֶׁנִּקְרָא עָלֵינוּ.

בָּרוּךְ הוּא אֱלֹהֵינוּ שֶׁבְּרָאָנוּ לִכְבוֹדוֹ, לְהַלְּלוֹ וּלְשַׁבְּחוֹ וּלְסַפֵּר הוֹדוֹ, מִכָּל אֹם גָּבַר עָלֵינוּ חַסְדּוֹ, לָכֵן בְּכָל לֵב וּבְכָל נֶפֶשׁ וּבְכָל מְאוֹדוֹ, נַמְלִיכוֹ וּנְיַחֲדוֹ.

שֶׁהַשָּׁלוֹם שֶׁלּוֹ יָשִׂים עָלֵינוּ בְּרָכָה וְשָׁלוֹם, מִשְּׂמֹאל וּמִיָּמִין עַל יִשְׂרָאֵל שָׁלוֹם, הָרַחֲמָן הוּא יְבָרֵךְ אֶת עַמּוֹ בַשָּׁלוֹם, וְיִזְכּוּ לִרְאוֹת בָּנִים וּבְנֵי בָנִים, עוֹסְקִים, בַּתּוֹרָה וּבְמִצְוֹת,
ישעיה ט עַל יִשְׂרָאֵל שָׁלוֹם. פֶּלֶא יוֹעֵץ אֵל גִּבּוֹר אֲבִי־עַד שַׂר־שָׁלוֹם:

The Rock, in His kindness, will command His communities to gather, coming together from the four winds; He will settle them upon the high mountains, He will return with us, gathering the dispersed, for it does not say, "He will bring back" but "He will return" and gather.

Blessed is our God who has bestowed good upon us. In His compassion and abundant kindness, He has done great things for us. Like these and those, may He do yet more for us, to magnify His great, mighty and awesome name, by which we are called.

Blessed is our God who created us for His glory, to praise and laud Him and tell of His majesty; His loving-kindness is greater to us than to any other nation. Therefore with all our heart and soul and might, let us proclaim His kingship and His unity.

May He to whom peace belongs, send us blessing and peace. From left and right, may Israel have peace. May the Compassionate One bless His people with peace, and may they merit to see children and children's children, occupied with Torah and the commandments, bringing Israel peace. Wondrous Counselor, mighty God, everlasting Father, Prince of peace.

בָּרוּךְ אֵל עֶלְיוֹן Blessed is God Most High who has given us rest,
to relieve our souls from distress and pain.
May He seek the good of Zion, the outcast city.
How long must she grieve, her spirits downcast?

> All who keep the Sabbath, man and woman alike, find favor like an offering made to God.

He who rides the heavens, King of worlds,
gently told His people to rest,
with tasty food and delicacies of all kinds,
with elegant dress, as at a family feast.

> All who keep the Sabbath, man and woman alike, find favor like an offering made to God.

Happy are all who await a double reward
from the One who sees all, though He dwells in dense dark.
He will grant him a heritage in hill and valley,
a heritage and resting place like [Jacob] on whom the sun shone.

> All who keep the Sabbath, man and woman alike, find favor like an offering made to God.

Whoever keeps the Sabbath fully, not profaning it,
shows that he is worthy; holy is his lot.
Happy is he who fulfills the day's duty;
it is like a gift presented to God who fashioned him.

> All who keep the Sabbath, man and woman alike, find favor like an offering made to God.

The Rock, my God, called it "Beloved of days."
Happy are the faithful if it is kept intact.
He will set on their head a close-fitting crown.
On them the Rock of Eternity will make His spirit rest.

> All who keep the Sabbath, man and woman alike, find favor like an offering made to God.

He who remembers the Sabbath day to keep it holy
will gain high honor like a diadem on his head.
Therefore let each give to his soul
delight and joy with which to be exalted.

> All who keep the Sabbath, man and woman alike, find favor like an offering made to God.

Let her be holy to you – Sabbath the queen –
placing a blessing in your home.
In all your dwellings, do no work,
nor your sons and daughters, your servant or maid.

> All who keep the Sabbath, man and woman alike, find favor like an offering made to God.

בָּרוּךְ אֵל עֶלְיוֹן
אֲשֶׁר נָתַן מְנוּחָה, לְנַפְשֵׁנוּ פִדְיוֹן מִשֵּׁאת וַאֲנָחָה
וְהוּא יִדְרֹשׁ לְצִיּוֹן, עִיר הַנִּדָּחָה, עַד אָנָה תּוּגְיוֹן נֶפֶשׁ נֶאֱנָחָה.
הַשּׁוֹמֵר שַׁבָּת הַבֵּן עִם הַבַּת, לָאֵל יֵרָצוּ כְּמִנְחָה עַל מַחֲבַת.

רוֹכֵב בָּעֲרָבוֹת, מֶלֶךְ עוֹלָמִים, אֶת עַמּוֹ לִשְׁבֹּת אִזֵּן בַּנְּעִימִים
בְּמַאֲכָלוֹת עֲרֵבוֹת בְּמִינֵי מַטְעַמִּים, בְּמַלְבּוּשֵׁי כָבוֹד זֶבַח מִשְׁפָּחָה.
הַשּׁוֹמֵר שַׁבָּת הַבֵּן עִם הַבַּת, לָאֵל יֵרָצוּ כְּמִנְחָה עַל מַחֲבַת.

וְאַשְׁרֵי כָּל חוֹכֶה לְתַשְׁלוּמֵי כֵפֶל, מֵאֵת כֹּל סוֹכֶה, שׁוֹכֵן בָּעֲרָפֶל
נַחֲלָה לוֹ יִזְכֶּה בָּהָר וּבַשָּׁפֶל, נַחֲלָה וּמְנוּחָה כַּשֶּׁמֶשׁ לוֹ זָרְחָה.
הַשּׁוֹמֵר שַׁבָּת הַבֵּן עִם הַבַּת, לָאֵל יֵרָצוּ כְּמִנְחָה עַל מַחֲבַת.

כָּל שׁוֹמֵר שַׁבָּת כַּדָּת מֵחַלְּלוֹ, הֵן הֶכְשֵׁר חִבַּת קֹדֶשׁ גּוֹרָלוֹ
וְאִם יֵצֵא חוֹבַת הַיּוֹם, אַשְׁרֵי לוֹ, אֶל אֵל אָדוֹן מְחוֹלְלוֹ מִנְחָה הִיא שְׁלוּחָה.
הַשּׁוֹמֵר שַׁבָּת הַבֵּן עִם הַבַּת, לָאֵל יֵרָצוּ כְּמִנְחָה עַל מַחֲבַת.

חֶמְדַּת הַיָּמִים קְרָאוֹ אֵלִי צוּר, וְאַשְׁרֵי לִתְמִימִים אִם יִהְיֶה נָצוּר
כֶּתֶר הִלּוּמִים עַל רֹאשָׁם יָצוּר, צוּר הָעוֹלָמִים, רוּחוֹ בָּם נָחָה.
הַשּׁוֹמֵר שַׁבָּת הַבֵּן עִם הַבַּת, לָאֵל יֵרָצוּ כְּמִנְחָה עַל מַחֲבַת.

זָכוֹר אֶת יוֹם הַשַּׁבָּת לְקַדְּשׁוֹ, קַרְנוֹ כִּי גָבְהָה נֵזֶר עַל רֹאשׁוֹ
עַל כֵּן יִתֵּן הָאָדָם לְנַפְשׁוֹ, עֹנֶג וְגַם שִׂמְחָה בָּהֶם לְמָשְׁחָה.
הַשּׁוֹמֵר שַׁבָּת הַבֵּן עִם הַבַּת, לָאֵל יֵרָצוּ כְּמִנְחָה עַל מַחֲבַת.

קֹדֶשׁ הִיא לָכֶם שַׁבָּת הַמַּלְכָּה, אֶל תּוֹךְ בָּתֵּיכֶם לְהָנִיחַ בְּרָכָה
בְּכָל מוֹשְׁבוֹתֵיכֶם לֹא תַעֲשׂוּ מְלָאכָה, בְּנֵיכֶם וּבְנוֹתֵיכֶם עֶבֶד וְגַם שִׁפְחָה.
הַשּׁוֹמֵר שַׁבָּת הַבֵּן עִם הַבַּת, לָאֵל יֵרָצוּ כְּמִנְחָה עַל מַחֲבַת.

יוֹם זֶה מְכֻבָּד This day is honored above all others,
for on it He who formed worlds found rest.

For six days, do your work
but the seventh day is God's:
on the Sabbath you shall do no work,
for in six days He made all.

> This day is honored above all others,
> for on it He who formed worlds found rest.

Foremost among sacred days
is this day of rest, this holy Sabbath.
So let each say Kiddush over wine,
and break bread over two complete loaves.

> This day is honored above all others,
> for on it He who formed worlds found rest.

Eat choice food, drink sweet wine,
for God will give to those who cleave to Him
clothes to wear, due portions of bread,
meat and fish, and all tasty foods.

> This day is honored above all others,
> for on it He who formed worlds found rest.

On it you shall lack nothing – so eat,
be satisfied and bless
the LORD your God, whom you love,
for He has blessed you from all peoples.

> This day is honored above all others,
> for on it He who formed worlds found rest.

The heavens declare His glory
and the earth is full of His loving-kindness.
See all these things His hand has made
for He is the Rock, His work is perfect.

> This day is honored above all others,
> for on it He who formed worlds found rest.

יוֹם זֶה מְכֻבָּד מִכָּל יָמִים
כִּי בוֹ שָׁבַת צוּר עוֹלָמִים.

שֵׁשֶׁת יָמִים תַּעֲשֶׂה מְלַאכְתֶּךָ
וְיוֹם הַשְּׁבִיעִי לֵאלֹהֶיךָ
שַׁבָּת לֹא תַעֲשֶׂה בוֹ מְלָאכָה
כִּי כֹל עָשָׂה שֵׁשֶׁת יָמִים.

יוֹם זֶה מְכֻבָּד מִכָּל יָמִים, כִּי בוֹ שָׁבַת צוּר עוֹלָמִים.

רִאשׁוֹן הוּא לְמִקְרָאֵי קֹדֶשׁ
יוֹם שַׁבָּתוֹן יוֹם שַׁבַּת קֹדֶשׁ
עַל כֵּן כָּל אִישׁ בְּיֵינוֹ יְקַדֵּשׁ
עַל שְׁתֵּי לֶחֶם יִבְצְעוּ תְמִימִים.

יוֹם זֶה מְכֻבָּד מִכָּל יָמִים, כִּי בוֹ שָׁבַת צוּר עוֹלָמִים.

אֱכֹל מַשְׁמַנִּים, שְׁתֵה מַמְתַּקִּים
כִּי אֵל יִתֵּן לְכֹל בּוֹ דְבֵקִים
בֶּגֶד לִלְבֹּשׁ, לֶחֶם חֻקִּים
בָּשָׂר וְדָגִים וְכָל מַטְעַמִּים.

יוֹם זֶה מְכֻבָּד מִכָּל יָמִים, כִּי בוֹ שָׁבַת צוּר עוֹלָמִים.

לֹא תֶחְסַר כֹּל בּוֹ, וְאָכַלְתָּ
וְשָׂבָעְתָּ וּבֵרַכְתָּ
אֶת יהוה אֱלֹהֶיךָ אֲשֶׁר אָהַבְתָּ
כִּי בֵרַכְךָ מִכָּל הָעַמִּים.

יוֹם זֶה מְכֻבָּד מִכָּל יָמִים, כִּי בוֹ שָׁבַת צוּר עוֹלָמִים.

הַשָּׁמַיִם מְסַפְּרִים כְּבוֹדוֹ
וְגַם הָאָרֶץ מָלְאָה חַסְדּוֹ
רְאוּ כָּל אֵלֶּה עָשְׂתָה יָדוֹ
כִּי הוּא הַצּוּר פָּעֳלוֹ תָמִים.

יוֹם זֶה מְכֻבָּד מִכָּל יָמִים, כִּי בוֹ שָׁבַת צוּר עוֹלָמִים.

יוֹם שַׁבָּתוֹן The day of rest should not be forgotten, its memory is like sweet fragrance.
On it the dove found rest, and in it the exhausted rest.

This day is honored by the people of faith; parents and children guard it with care.
It was engraved on two tablets of stone,
by the greatness of His power and His unfailing strength.
> On it the dove found rest, and in it the exhausted rest.

And out of the mist, the darkness shone,
and He lifted the dwellers in low places onto cloud,
and I shall see the tower of my tormentors fall,
but I shall be filled with strength.
> On it the dove found rest, and in it the exhausted rest.

Tread on the shoes of enemies and tormentors,
and make the ankles of strangers stumble,
and then my people will answer You with songs,
O God who travels on the wings of the wind.
> On it the dove found rest, and in it the exhausted rest.

All came together in a covenant: "We will do and we will obey," they said as one.
Then they responded, saying, "The Lord is One" –
Blessed is He who gives the weary strength.
> On it the dove found rest, and in it the exhausted rest.

He spoke in His holiness on the Mount of Myrrh [Sinai]:
"Remember and observe the seventh day."
And learn together all His commands; gird your loins and muster strength.
> On it the dove found rest, and in it the exhausted rest.

The people who have wandered like a straying flock –
may He remember the covenant and the oath,
so that no harm should happen to them, as You swore at the end of Noah's flood.
> On it the dove found rest, and in it the exhausted rest.

יוֹם שַׁבָּתוֹן אֵין לִשְׁכֹּחַ, זִכְרוֹ כְּרֵיחַ הַנִּיחֹחַ
יוֹנָה מָצְאָה בוֹ מָנוֹחַ וְשָׁם יָנוּחוּ יְגִיעֵי כֹחַ.

הַיּוֹם נִכְבָּד לִבְנֵי אֱמוּנִים, זְהִירִים לְשָׁמְרוֹ אָבוֹת וּבָנִים
חָקוּק בִּשְׁנֵי לוּחוֹת אֲבָנִים, מֵרֹב אוֹנִים וְאַמִּיץ כֹּחַ.
יוֹנָה מָצְאָה בוֹ מָנוֹחַ וְשָׁם יָנוּחוּ יְגִיעֵי כֹחַ.

וּמִתּוֹךְ עֲרָפֶל הֵאִיר אֹפֶל, וְעַל עָב, הֵרִים יֹשְׁבֵי שֶׁפֶל
וּמִגְדָּל צָרַי אֶרְאֶה נוֹפֵל, אַךְ אָנֹכִי מָלֵאתִי כֹחַ.
יוֹנָה מָצְאָה בוֹ מָנוֹחַ וְשָׁם יָנוּחוּ יְגִיעֵי כֹחַ.

דְּרֹךְ בְּנַעַל אוֹיְבִים וְצָרִים, וְגַם הַמְעֵד קַרְסֻלֵּי זָרִים
וְאָז יַעֲנוּ לָךְ עַמִּי, בְּשִׁירִים, אֵל, הַמְהַלֵּךְ עַל כַּנְפֵי רוּחַ.
יוֹנָה מָצְאָה בוֹ מָנוֹחַ וְשָׁם יָנוּחוּ יְגִיעֵי כֹחַ.

וּבָאוּ כֻלָּם בִּבְרִית יַחַד, נַעֲשֶׂה וְנִשְׁמַע אָמְרוּ כְּאֶחָד
וּפָתְחוּ וְעָנוּ יהוה אֶחָד, בָּרוּךְ נֹתֵן לַיָּעֵף כֹּחַ.
יוֹנָה מָצְאָה בוֹ מָנוֹחַ וְשָׁם יָנוּחוּ יְגִיעֵי כֹחַ.

דִּבֶּר בְּקָדְשׁוֹ בְּהַר הַמֹּר, יוֹם הַשְּׁבִיעִי זָכוֹר וְשָׁמוֹר
וְכָל פִּקּוּדָיו יַחַד לִגְמֹר, חַזֵּק מָתְנַיִם וְאַמֵּץ כֹּחַ.
יוֹנָה מָצְאָה בוֹ מָנוֹחַ וְשָׁם יָנוּחוּ יְגִיעֵי כֹחַ.

הָעָם אֲשֶׁר נָע, כַּצֹּאן תָּעָה, יִזְכֹּר לְפָקְדוֹ בְּרִית וּשְׁבוּעָה
לְבַל יַעֲבָר בָּם מִקְרֵה רָעָה, כַּאֲשֶׁר נִשְׁבַּעְתָּ עַל מֵי נֹחַ.
יוֹנָה מָצְאָה בוֹ מָנוֹחַ וְשָׁם יָנוּחוּ יְגִיעֵי כֹחַ.

שַׁבָּת הַיּוֹם לַיהוה, מְאֹד צַהֲלוּ בְּרִנּוּנַי
וְגַם הַרְבּוּ מַעֲדַנַּי, אוֹתוֹ לִשְׁמֹר כְּמִצְוַת יהוה. שַׁבָּת הַיּוֹם לַיהוה.

מֵעֲבֹר דֶּרֶךְ וּגְבוּלִים, מֵעֲשׂוֹת הַיּוֹם פְּעָלִים
לֶאֱכֹל וְלִשְׁתּוֹת בְּהִלּוּלִים, זֶה הַיּוֹם עָשָׂה יהוה. שַׁבָּת הַיּוֹם לַיהוה.

וְאִם תִּשְׁמְרֶנּוּ, יָהּ יִנְצָרְךָ כְּבָבַת, אַתָּה וּבִנְךָ וְגַם הַבַּת
וְקָרָאתָ עֹנֶג לַשַּׁבָּת, אָז תִּתְעַנַּג עַל יהוה. שַׁבָּת הַיּוֹם לַיהוה.

אֱכֹל מַשְׁמַנִּים וּמַעֲדַנִּים, וּמַטְעַמִּים הַרְבֵּה מִינִים
אֱגוֹזֵי פֶרֶךְ וְרִמּוֹנִים, וְאָכַלְתָּ וְשָׂבָעְתָּ וּבֵרַכְתָּ אֶת יהוה. שַׁבָּת הַיּוֹם לַיהוה.

לַעֲרֹךְ בְּשֻׁלְחָן לֶחֶם חֲמוּדוֹת, לַעֲשׂוֹת הַיּוֹם שָׁלֹשׁ סְעוּדוֹת
אֶת הַשֵּׁם הַנִּכְבָּד לְבָרֵךְ וּלְהוֹדוֹת, שִׁקְדוּ וְשִׁמְרוּ וַעֲשׂוּ בָנַי. שַׁבָּת הַיּוֹם לַיהוה.

שַׁבָּת הַיּוֹם Today is the Sabbath of the Lord. Celebrate greatly with my songs, multiply my delicacies, keep it like the Lord's command.
Today is the Sabbath of the Lord.

Do not travel beyond boundaries; do not labor on this day.
Eat, drink, make merry; this is the day the Lord has made.
Today is the Sabbath of the Lord.

If you keep it the Lord will guard you like the pupil of His eye,
you, your son and daughter too.
If you call the Sabbath a delight, then you will find delight before the Lord.
Today is the Sabbath of the Lord.

Eat rich foods and delicacies, tasty dishes of many kinds,
soft-shelled nuts and pomegranates: Eat, be satisfied and bless the Lord.
Today is the Sabbath of the Lord.

Make ready on the table delicious bread, and make, this day, three meals.
Bless and thank His glorious name. Take care, observe and do, my sons.
Today is the Sabbath of the Lord.

שִׁמְרוּ שַׁבְּתוֹתַי Observe My Sabbaths, so that you are nourished and sated,
from the radiance of My blessings, when you come to rest.
Borrow on My account, My children;
delight in My pleasures.   Today is the Sabbath of the LORD.

> Borrow on My account, My children;
> delight in My pleasures. Today is the Sabbath of the LORD.

Proclaim freedom from toil, then I will grant My blessing,
joining one to the next,
bringing gladness on My day of joy. Wear clothes of fine linen and wool,
and learn from My elders.   Today is the Sabbath of the LORD.

> Borrow on My account, My children;
> delight in My pleasures. Today is the Sabbath of the LORD.

Quickly bring the portion, obey Esther's command;
make a reckoning with the Creator –
He will repay you for the food, and more. Trust in Me, My faithful ones,
and drink wine from My plentiful supply.   Today is the Sabbath of the LORD.

> Borrow on My account, My children;
> delight in My pleasures. Today is the Sabbath of the LORD.

Today is a day of redemption; if you observe the Sabbath
then you will be My special treasure.
Stay [for the night of exile], then pass on. Then you will live before Me
and be filled from My hidden store.   Today is the Sabbath of the LORD.

> Borrow on My account, My children;
> delight in My pleasures. Today is the Sabbath of the LORD.

Make my city strong, God, the God Most High.
Bring back my Temple,
with joy and words of song. There may my singers chant,
my Levites and my priests.
Then you will delight in the LORD.   Today is the Sabbath of the LORD.

> Borrow on My account, My children;
> delight in My pleasures. Today is the Sabbath of the LORD.

שִׁמְרוּ שַׁבְּתוֹתַי, לְמַעַן תִּינְקוּ וּשְׂבַעְתֶּם, מִזִּיו בִּרְכוֹתַי
אֶל הַמְּנוּחָה כִּי בָאתֶם, וּלְווּ עָלַי בָּנַי, וְעִדְנוּ מַעֲדָנַי
שַׁבָּת הַיּוֹם לַיהוה.

וּלְווּ עָלַי בָּנַי, וְעִדְנוּ מַעֲדָנַי, שַׁבָּת הַיּוֹם לַיהוה.

לְעָמֵל קִרְאוּ דְרוֹר, וְנָתַתִּי אֶת בִּרְכָתִי, אִשָּׁה אֶל אֲחוֹתָהּ לִצְרוֹר
לְגַלּוֹת עַל יוֹם שִׂמְחָתִי, בִּגְדֵי שֵׁשׁ עִם שָׁנִי, וְהִתְבּוֹנְנוּ מִזְּקֵנַי
שַׁבָּת הַיּוֹם לַיהוה.

וּלְווּ עָלַי בָּנַי, וְעִדְנוּ מַעֲדָנַי, שַׁבָּת הַיּוֹם לַיהוה.

מַהֲרוּ אֶת הַמָּנֶה, לַעֲשׂוֹת אֶת דְּבַר אֶסְתֵּר, וְחִשְׁבוּ עִם הַקּוֹנֶה
לְשַׁלֵּם אָכוֹל וְהוֹתֵר, בִּטְחוּ בִי אֱמוּנַי, וּשְׁתוּ יֵין מִשְׁמַנַּי
שַׁבָּת הַיּוֹם לַיהוה.

וּלְווּ עָלַי בָּנַי, וְעִדְנוּ מַעֲדָנַי, שַׁבָּת הַיּוֹם לַיהוה.

הִנֵּה יוֹם גְּאֻלָּה, יוֹם שַׁבָּת אִם תִּשְׁמֹרוּ, וִהְיִיתֶם לִי סְגֻלָּה
לִֽינוּ וְאַחַר תַּעֲבֹרוּ, וְאָז תִּחְיוּ לְפָנַי, וּתְמַלְאוּ צְפוּנַי
שַׁבָּת הַיּוֹם לַיהוה.

וּלְווּ עָלַי בָּנַי, וְעִדְנוּ מַעֲדָנַי, שַׁבָּת הַיּוֹם לַיהוה.

חַזֵּק קִרְיָתִי, אֵל אֱלֹהִים עֶלְיוֹן, וְהָשֵׁב אֶת נְוָתִי
בְּשִׂמְחָה וּבְהִגָּיוֹן, יְשׁוֹרְרוּ שָׁם רְנָנַי, לְוִיַּי וְכֹהֲנַי, אָז תִּתְעַנַּג עַל יהוה
שַׁבָּת הַיּוֹם לַיהוה.

וּלְווּ עָלַי בָּנַי, וְעִדְנוּ מַעֲדָנַי, שַׁבָּת הַיּוֹם לַיהוה.

כִּי אֶשְׁמְרָה If I keep the Sabbath, God will keep me.
It is an eternal sign between God and me.
> It is an eternal sign between God and me.

It is forbidden to engage in business or to travel,
even to speak about the things we need,
or about matters of trade or state.
Instead I will study God's Torah and it will make me wise.
> It is an eternal sign between God and me.

On it I always find refreshment for my soul.
See: my Holy One gave the first generation
a sign, by giving them a double portion on the sixth day.
So may my food be doubled every sixth day!
> It is an eternal sign between God and me.

Engraved in God's law is His priests' decree,
to prepare the Showbread in His presence.
So, His sages ruled, on it fasting is forbidden,
except on sins' Atonement Day.
> It is an eternal sign between God and me.

It is a day of honor, a day of delight,
with bread and fine wine, meat and fish.
On it those who mourn are turned around,
for it is a joyous day and it will bring me joy.
> It is an eternal sign between God and me.

Those who desecrate it by working will, in the end, be cut off.
Therefore I cleanse my heart with it as if with soap.
Evening and morning I will pray to God,
additional and afternoon prayer also, and He will answer me.
> It is an eternal sign between God and me.

כִּי אֶשְׁמְרָה שַׁבָּת אֵל יִשְׁמְרֵנִי
אוֹת הִיא לְעוֹלְמֵי עַד בֵּינוֹ וּבֵינִי.
אוֹת הִיא לְעוֹלְמֵי עַד בֵּינוֹ וּבֵינִי.

אָסוּר מְצֹא חֵפֶץ, עֲשׂוֹת דְּרָכִים
גַּם מִלְּדַבֵּר בּוֹ דִּבְרֵי צְרָכִים
דִּבְרֵי סְחוֹרָה אַף דִּבְרֵי מְלָכִים
אֶהְגֶּה בְּתוֹרַת אֵל וּתְחַכְּמֵנִי.
אוֹת הִיא לְעוֹלְמֵי עַד בֵּינוֹ וּבֵינִי.

בּוֹ אֶמְצָא תָמִיד נֹפֶשׁ לְנַפְשִׁי
הִנֵּה לְדוֹר רִאשׁוֹן נָתַן קְדוֹשִׁי
מוֹפֵת, בְּתֵת לֶחֶם מִשְׁנֶה בַּשִּׁשִּׁי
כָּכָה בְּכָל שִׁשִּׁי יַכְפִּיל מְזוֹנִי.
אוֹת הִיא לְעוֹלְמֵי עַד בֵּינוֹ וּבֵינִי.

רָשַׁם בְּדַת הָאֵל חֹק אֶל סְגָנָיו
בּוֹ לַעֲרֹךְ לֶחֶם פָּנִים בְּפָנָיו
עַל כֵּן לְהִתְעַנּוֹת בּוֹ עַל פִּי נְבוֹנָיו
אָסוּר, לְבַד מִיּוֹם כִּפּוּר עֲוֹנִי.
אוֹת הִיא לְעוֹלְמֵי עַד בֵּינוֹ וּבֵינִי.

הוּא יוֹם מְכֻבָּד, הוּא יוֹם תַּעֲנוּגִים
לֶחֶם וְיַיִן טוֹב, בָּשָׂר וְדָגִים
הַמִּתְאַבְּלִים בּוֹ אָחוֹר נְסוֹגִים
כִּי יוֹם שְׂמָחוֹת הוּא וּתְשַׂמְּחֵנִי.
אוֹת הִיא לְעוֹלְמֵי עַד בֵּינוֹ וּבֵינִי.

מֵחֵל מְלָאכָה בּוֹ סוֹפוֹ לְהַכְרִית
עַל כֵּן אֲכַבֵּס בּוֹ לִבִּי כְּבוֹרִית
וְאֶתְפַּלְּלָה אֶל אֵל עַרְבִית וְשַׁחְרִית
מוּסָף וְגַם מִנְחָה הוּא יַעֲנֵנִי.
אוֹת הִיא לְעוֹלְמֵי עַד בֵּינוֹ וּבֵינִי.

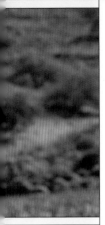

דְּרוֹר יִקְרָא God proclaims freedom to boy and girl,
and guards you like the pupil of His eye.
Your name is pleasant, never will it cease;
rest and be at ease on the Sabbath day.

Seek my Temple and my hall,
and show me a sign of salvation.
Plant a shoot in my vineyard,
hear the cry of my people.

Tread the winepress in Botzra,
and in Babylon which overpowered.
Crush my foes in anger and wrath,
hear my voice on the day I cry.

God, let there be on the desert mountain,
myrtle, acacia, cypress and box tree.
To one who warns and one who is warned,
let peace flow like river waters.

Crush those who rise against me, zealous God,
melting their heart with grief.
Then we will open and fill our mouths
and tongues with songs of joy to You.

Know what is wisdom for your soul,
and it will be a crown for your head.
Keep your Holy One's command:
observe your holy Sabbath day.

דְּרוֹר יִקְרָא לְבֵן עִם בַּת
וְיִנְצָרְכֶם כְּמוֹ בָבַת
נְעִים שִׁמְכֶם וְלֹא יֻשְׁבַּת
שְׁבוּ נוּחוּ בְּיוֹם שַׁבָּת.

דְּרֹשׁ נָוִי וְאוּלַמִּי
וְאוֹת יֶשַׁע עֲשֵׂה עִמִּי
נְטַע שׂוֹרֵק בְּתוֹךְ כַּרְמִי
שְׁעֵה שַׁוְעַת בְּנֵי עַמִּי.

דְּרֹךְ פּוּרָה בְּתוֹךְ בָּצְרָה
וְגַם בָּבֶל אֲשֶׁר גָּבְרָה
נְתֹץ צָרַי בְּאַף עֶבְרָה
שְׁמַע קוֹלִי בְּיוֹם אֶקְרָא.

אֱלֹהִים תֵּן בְּמִדְבָּר הָר
הֲדַס שִׁטָּה בְּרוֹשׁ תִּדְהָר
וְלַמַּזְהִיר וְלַנִּזְהָר
שְׁלוֹמִים תֵּן כְּמֵי נָהָר.

הֲדֹךְ קָמַי, אֵל קַנָּא
בְּמוֹג לֵבָב וּבַמְּגִנָּה
וְנַרְחִיב פֶּה וּנְמַלְּאֶנָּה
לְשׁוֹנֵנוּ לְךָ רִנָּה.

דְּעֵה חָכְמָה לְנַפְשֶׁךָ
וְהִיא כֶתֶר לְרֹאשֶׁךָ
נְצֹר מִצְוַת קְדוֹשֶׁךָ
שְׁמֹר שַׁבַּת קָדְשֶׁךָ.

סעודה שלישית

SE'UDA SHELISHIT

SE'UDA SHELISHIT FOR SHABBAT

אַתְקִינוּ Prepare the feast of perfect faith, joy of the holy King.
Prepare the Royal feast,
this is the feast [mystically known as] "the Small Face,"
and "the Holy Ancient One" and "the Field of Holy Apples"
[mystical terms for aspects of the Divine]
come to partake in the feast with it.

> Children of the palace
> > who yearn to see the radiance of "the Small Face,"
> be here at this table
> > in which the King is engraved.
> Long to join this gathering
> > together with the winged angels.
> Rejoice now at this time of favor
> > when there is no displeasure.
> Come close to me, see my strength,
> > for there are no harsh judgments.
> Those brazen dogs are outside,
> > unable to enter.
> So I invite the holy Ancient of Days,
> > that they may pass may pass before His brow.
> And His will is revealed,
> > to annul all forces of impurity.
> Hurl them into the abyss,
> > hide them in the clefts of rocks.
> For now, at Minḥa-time,
> > is a time of joy for "the Small Face."

מִזְמוֹר לְדָוִד A psalm of David. The LORD is my Shepherd, I shall not want. He makes me lie down in green pastures. He leads me beside the still waters. He refreshes my soul. He guides me in the paths of righteousness for His name's sake. Though I walk through the valley of the shadow of death, I will fear no evil, for You are with me; Your rod and Your staff, they comfort me. You set a table before me in the presence of my enemies; You anoint my head with oil; my cup is filled to overflowing. May goodness and kindness follow me all the days of my life, and may I live in the House of the LORD for evermore.

סעודה שלישית של שבת

אַתְקִינוּ סְעוּדְתָא דִמְהֵימְנוּתָא שְׁלִימְתָא, חֶדְוְתָא דְמַלְכָּא קַדִּישָׁא.
אַתְקִינוּ סְעוּדְתָא דְמַלְכָּא.
דָּא הִיא סְעוּדְתָא דִזְעֵיר אַנְפִּין
וְעַתִּיקָא קַדִּישָׁא וַחֲקַל תַּפּוּחִין קַדִּישִׁין אָתַיִן לְסַעֲדָה בַּהֲדֵהּ.

בְּנֵי הֵיכְלָא, דְּכַסִּיפִין לְמֶחֱזֵי זִיו זְעֵיר אַנְפִּין
יְהוֹן הָכָא, בְּהַאי תַּכָּא, דְּבֵהּ מַלְכָּא בְּגִלּוּפִין.
צְבוּ לַחֲדָא, בְּהַאי וַעְדָא, בְּגוֹ עִירִין וְכָל גַּדְפִּין.
חֲדוּ הַשְׁתָּא, בְּהַאי שַׁעְתָּא, דְּבֵהּ רַעֲוָא וְלֵית זַעְפִּין.
קְרִיבוּ לִי, חֲזוּ חֵילִי, דְּלֵית דִּינִין דְּתַקִּיפִין.
לְבַר נָטְלִין, וְלָא עָלִין, הָנֵי כַּלְבִּין דַּחֲצִיפִין.
וְהָא אַזְמִין עַתִּיק יוֹמִין, לְמִצְחֵהּ עַד יְהוֹן חָלְפִין.
רְעוּ דִי לֵהּ, דְּגַלֵּי לֵהּ, לְבַטָּלָה בְּכָל קְלִיפִין.
יְשַׁוֵּי לוֹן, בִּנְקְבֵיהוֹן, וְיִטַּמְרוּן בְּגוֹ כֵפִין.
אֲרֵי הַשְׁתָּא, בְּמִנְחָתָא, בְּחֶדְוָתָא דִזְעֵיר אַנְפִּין.

מִזְמוֹר לְדָוִד יהוה רֹעִי לֹא אֶחְסָר: בִּנְאוֹת דֶּשֶׁא יַרְבִּיצֵנִי עַל־ תהלים כג
מֵי מְנֻחוֹת יְנַהֲלֵנִי: נַפְשִׁי יְשׁוֹבֵב יַנְחֵנִי בְמַעְגְּלֵי־צֶדֶק לְמַעַן
שְׁמוֹ: גַּם כִּי־אֵלֵךְ בְּגֵיא צַלְמָוֶת לֹא־אִירָא רָע כִּי־אַתָּה
עִמָּדִי שִׁבְטְךָ וּמִשְׁעַנְתֶּךָ הֵמָּה יְנַחֲמֻנִי: תַּעֲרֹךְ לְפָנַי שֻׁלְחָן
נֶגֶד צֹרְרָי דִּשַּׁנְתָּ בַשֶּׁמֶן רֹאשִׁי כּוֹסִי רְוָיָה: אַךְ טוֹב וָחֶסֶד
יִרְדְּפוּנִי כָּל־יְמֵי חַיָּי וְשַׁבְתִּי בְּבֵית־יהוה לְאֹרֶךְ יָמִים:

יְדִיד Beloved of the soul, Father of compassion,
   draw Your servant close to Your will.
Like a deer will Your servant run
   and fall prostrate before Your beauty.
To him Your love is sweeter
   than honey from the comb, than any taste.

Glorious, beautiful, radiance of the world,
   my soul is sick with love for You.
Please, God, heal her now
   by showing her Your tender radiance.
Then she will recover her strength and be healed,
   be Your servant for eternity.

Ancient of Days, let Your mercy be aroused;
   please have pity on Your beloved child.
How long have I yearned
   to see the glory of Your strength.
Please, my God, my heart's desire –
   hasten; do not hide Yourself.

Reveal Yourself, Beloved, and spread over me
   the tabernacle of Your peace.
Let the earth shine with Your glory,
   let us be overjoyed and rejoice in You.
Hurry, Beloved, for the appointed time has come,
   and be gracious to me as in the times of
   old.

יְדִיד נֶפֶשׁ, אָב הָרַחֲמָן, מְשֹׁךְ עַבְדְּךָ אֶל רְצוֹנָךְ
יָרוּץ עַבְדְּךָ כְּמוֹ אַיָּל, יִשְׁתַּחֲוֶה מוּל הֲדָרָךְ
כִּי יֶעֱרַב לוֹ יְדִידוּתָךְ, מִנֹּפֶת צוּף וְכָל טָעַם.

הָדוּר, נָאֶה, זִיו הָעוֹלָם, נַפְשִׁי חוֹלַת אַהֲבָתָךְ
אָנָּא, אֵל נָא, רְפָא נָא לָהּ, בְּהַרְאוֹת לָהּ נֹעַם זִיוָךְ במדבר יב
אָז תִּתְחַזֵּק וְתִתְרַפֵּא, וְהָיְתָה לָךְ שִׁפְחַת עוֹלָם.

וָתִיק, יֶהֱמוּ רַחֲמֶיךָ, וְחוּס נָא עַל בֵּן אוֹהֲבָךְ
כִּי זֶה כַּמֶּה נִכְסֹף נִכְסַף, לִרְאוֹת בְּתִפְאֶרֶת עֻזָּךְ
אָנָּא, אֵלִי, מַחְמַד לִבִּי, חוּשָׁה נָּא, וְאַל תִּתְעַלָּם.

הִגָּלֶה נָא וּפְרֹשׂ, חָבִיב, עָלַי אֶת סֻכַּת שְׁלוֹמָךְ
תָּאִיר אֶרֶץ מִכְּבוֹדָךְ, נָגִילָה וְנִשְׂמְחָה בָךְ.
מַהֵר, אָהוּב, כִּי בָא מוֹעֵד, וְחָנֵּנִי כִּימֵי עוֹלָם.

אֵל מִסְתַּתֵּר God hides Himself in the beauty of concealment, His wisdom opaque to all human thought; Cause of causes, adorned with the highest crown, they [the angels] give You, LORD, a crown.

In the beginning was Your primordial Torah, inscribed with Your hermetic wisdom. Where can it be found? It is hidden. Wisdom begins in awe of the LORD.

Wider than a river, like never-ending streams, deep waters, that only an understanding man can draw, its outcomes are the fifty gates of understanding. The faithful are guarded by the LORD.

Great God, all eyes are turned toward You. Your great kindness is higher than the heavens. God of Abraham, remember Your servant; I will tell of the LORD's kindness, sing praises to the LORD.

Sublime, majestic in strength and might, who brings forth unparalleled light, "Awe of Isaac," make our judgment light. Forever, LORD, is Your might.

Who is like You, God, doing great deeds, Mighty One of Jacob, awesome in praise, Splendor of Israel, who listens to prayers, LORD who listens to those in need.

LORD, may the merit of the fathers be our shield. Eternal One of Israel, redeem us from distress. Draw us, raise us, from the pit of exile, that we may loudly sing in service at the House of the LORD.

From right and left the prophets were inspired, finding within them Eternity and Glory, known by the names of Yakhin and Boaz, and all your children shall be learned of the LORD.

Foundation, the Righteous, is hidden in Seven, the sign of the covenant to the world; Source of blessing, Righteous, Foundation of the world, righteous are You, LORD.

Restore, please, David and Solomon's kingdom, with the crown with which his mother crowned it. The congregation of Israel is sweetly called a bride, a crown of splendor in the hand of the LORD.

Mighty One, unite the ten Sefirot as one; those who divide them from the LORD will see no light. Together they shine like sapphire. Bring my song close to You, LORD.

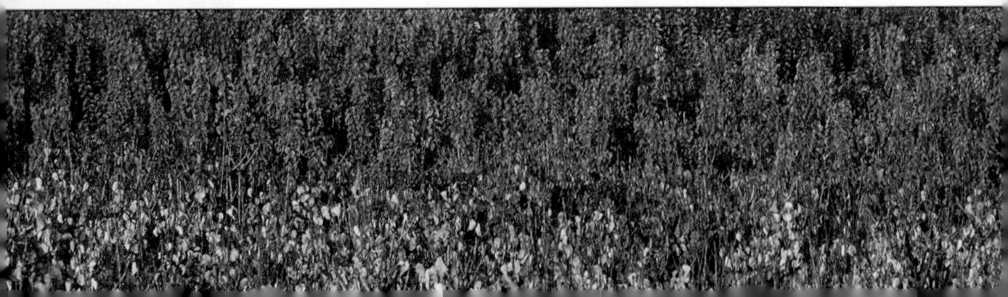

אֵל מִסְתַּתֵּר בְּשַׁפְרִיר חֶבְיוֹן, הַשֵּׂכֶל הַנֶּעְלָם מִכָּל רַעְיוֹן
עִלַּת הָעִלּוֹת מֻכְתָּר בְּכֶתֶר עֶלְיוֹן, כֶּתֶר יִתְּנוּ לְךָ יהוה. קדושה (נוסח ספרד)

בְּרֵאשִׁית תּוֹרָתְךָ הַקְּדוּמָה, רְשׁוּמָה חָכְמָתְךָ הַסְּתוּמָה
מֵאַיִן תִּמָּצֵא וְהִיא נֶעְלָמָה, רֵאשִׁית חָכְמָה יִרְאַת יהוה. תהלים קיא

רְחוֹבוֹת הַנָּהָר נַחֲלֵי אֱמוּנָה, מַיִם עֲמֻקִּים יִדְלֵם אִישׁ תְּבוּנָה
תּוֹצְאוֹתֶיהָ חֲמִשִּׁים שַׁעֲרֵי בִינָה, אֱמוּנִים נוֹצֵר יהוה. תהלים לא

הָאֵל הַגָּדוֹל עֵינֵי כֹל נֶגְדֶּךָ, רַב חֶסֶד גָּדוֹל עַל הַשָּׁמַיִם חַסְדֶּךָ
אֱלֹהֵי אַבְרָהָם זְכֹר לְעַבְדֶּךָ, חַסְדֵי יהוה אַזְכִּיר תְּהִלּוֹת יהוה. ישעיה סג

מָרוֹם נֶאְדָּר בְּכֹחַ וּגְבוּרָה, מוֹצִיא אוֹרָה מֵאֵין תְּמוּרָה
פַּחַד יִצְחָק מִשְׁפָּטֵנוּ הָאִירָה, אַתָּה גִּבּוֹר לְעוֹלָם יהוה. תפילת שמונה עשרה

מִי אֵל כָּמוֹךָ עוֹשֶׂה גְדוֹלוֹת, אֲבִיר יַעֲקֹב נוֹרָא תְהִלּוֹת
תִּפְאֶרֶת יִשְׂרָאֵל שׁוֹמֵעַ תְּפִלּוֹת, כִּי שׁוֹמֵעַ אֶל אֶבְיוֹנִים יהוה. תהלים סט

יָהּ, זְכוּת אָבוֹת יָגֵן עָלֵינוּ, נֵצַח יִשְׂרָאֵל, מִצָּרוֹתֵינוּ גְּאָלֵנוּ
וּמִבּוֹר גָּלוּת דְּלֵנוּ וְהַעֲלֵנוּ, לְנַצֵּחַ עַל מְלֶאכֶת בֵּית יהוה. עזרא ג

מִיָּמִין וּמִשְּׂמֹאל יְנִיקַת הַנְּבִיאִים, נֵצַח וָהוֹד מֵהֶם נִמְצָאִים
יָכִין וּבֹעַז בְּשֵׁם נִקְרָאִים, וְכָל בָּנַיִךְ לִמּוּדֵי יהוה. ישעיה נד

יְסוֹד צַדִּיק בְּשִׁבְעָה נֶעְלָם, אוֹת בְּרִית הוּא לְעוֹלָם
מְעֵין הַבְּרָכָה צַדִּיק יְסוֹד עוֹלָם, צַדִּיק אַתָּה יהוה. ירמיה יב

נָא הָקֵם מַלְכוּת דָּוִד וּשְׁלֹמֹה, בָּעֲטָרָה שֶׁעִטְּרָה לוֹ אִמּוֹ
כְּנֶסֶת יִשְׂרָאֵל כַּלָּה קְרוּאָה בִּנְעִימָה, עֲטֶרֶת תִּפְאֶרֶת בְּיַד יהוה. ישעיה סב

חָזָק מְיַחֵד כְּאֶחָד עֶשֶׂר סְפִירוֹת, וּמַפְרִיד אַלּוּף לֹא יִרְאֶה מְאוֹרוֹת
סַפִּיר גִּזְרָתָם יַחַד מְאִירוֹת, תִּקְרַב רִנָּתִי לְפָנֶיךָ יהוה. תהלים קיט

SONGS FOR SE'UDA SHELISHIT

אָבִינוּ, הָאָב Our Father, compassionate Father,
ever compassionate, show compassion for us.
Instill in our hearts the desire [and wisdom]
to understand and discern,
to listen, learn and teach, to observe, perform
and fulfill all the teachings of Your Torah in love.
Enlighten our eyes in Your Torah
and let our hearts cling to Your commandments.
Unite our hearts to love and revere Your name,
so that we may never be ashamed.

אָבִינוּ מַלְכֵּנוּ Our Father, our King, be gracious to us and
answer us; though we have no worthy deeds;
act with us in charity and loving-kindness and save us.

אֶבֶן מָאֲסוּ The stone the builders rejected has become
the main cornerstone.
This is the Lord's doing. It is wondrous in our eyes.
This is the day the Lord has made;
let us rejoice and be glad in it.

אֲדוֹן עוֹלָם Lord of the Universe, who reigned before the
birth of any thing – When by His will all things were made,
then was His name proclaimed King.
And when all things shall cease to be,
He alone will reign in awe.
He was, He is, and He shall be glorious for evermore.

אֲדֹנָי, שְׂפָתַי O Lord, open my lips,
so that my mouth may declare Your praise.

אָז יָשִׁיר־מֹשֶׁה Then Moses and the Israelites sang this
song to the Lord, saying:
I will sing to the Lord, for He has triumphed gloriously;
horse and rider He has hurled into the sea.

אַחֵינוּ כָּל Our brothers, of the whole house of Israel,
who are in distress or captivity,
on sea or land, may the All-Present have compassion on them
and lead them from distress to relief, from darkness to light,
and from oppression to freedom, now, swiftly and soon.

שירים לסעודה שלישית

תפילת שחרית

אָבִינוּ, הָאָב הָרַחֲמָן, הַמְרַחֵם רַחֵם עָלֵינוּ
וְתֵן בְּלִבֵּנוּ [בִּינָה] לְהָבִין וּלְהַשְׂכִּיל
לִשְׁמֹעַ, לִלְמֹד וּלְלַמֵּד, לִשְׁמֹר וְלַעֲשׂוֹת
וּלְקַיֵּם אֶת כָּל דִּבְרֵי תַלְמוּד תּוֹרָתֶךָ בְּאַהֲבָה.
וְהָאֵר עֵינֵינוּ בְּתוֹרָתֶךָ, וְדַבֵּק לִבֵּנוּ בְּמִצְוֹתֶיךָ
וְיַחֵד לְבָבֵנוּ לְאַהֲבָה וּלְיִרְאָה אֶת שְׁמֶךָ
וְלֹא נֵבוֹשׁ לְעוֹלָם וָעֶד.

תפילת
"אבינו מלכנו"

אָבִינוּ מַלְכֵּנוּ, חָנֵּנוּ וַעֲנֵנוּ
כִּי אֵין בָּנוּ מַעֲשִׂים
עֲשֵׂה עִמָּנוּ צְדָקָה וָחֶסֶד וְהוֹשִׁיעֵנוּ.

תהלים קיח

אֶבֶן מָאֲסוּ הַבּוֹנִים, הָיְתָה לְרֹאשׁ פִּנָּה:
מֵאֵת יהוה הָיְתָה זֹּאת, הִיא נִפְלָאת בְּעֵינֵינוּ:
זֶה־הַיּוֹם עָשָׂה יהוה, נָגִילָה וְנִשְׂמְחָה בוֹ:

תפילת שחרית

אֲדוֹן עוֹלָם אֲשֶׁר מָלַךְ בְּטֶרֶם כָּל־יְצִיר נִבְרָא.
לְעֵת נַעֲשָׂה בְחֶפְצוֹ כֹּל אֲזַי מֶלֶךְ שְׁמוֹ נִקְרָא.
וְאַחֲרֵי כִּכְלוֹת הַכֹּל לְבַדּוֹ יִמְלֹךְ נוֹרָא.
וְהוּא הָיָה וְהוּא הֹוֶה וְהוּא יִהְיֶה בְּתִפְאָרָה.

תהלים נא

אֲדֹנָי, שְׂפָתַי תִּפְתָּח, וּפִי יַגִּיד תְּהִלָּתֶךָ:

שמות טו

אָז יָשִׁיר־מֹשֶׁה וּבְנֵי יִשְׂרָאֵל
אֶת־הַשִּׁירָה הַזֹּאת לַיהוה
וַיֹּאמְרוּ לֵאמֹר, אָשִׁירָה לַיהוה כִּי־גָאֹה גָּאָה
סוּס וְרֹכְבוֹ רָמָה בַיָּם:

תפילת שחרית

אַחֵינוּ כָּל בֵּית יִשְׂרָאֵל, הַנְּתוּנִים בְּצָרָה וּבְשִׁבְיָה
הָעוֹמְדִים בֵּין בַּיָּם וּבֵין בַּיַּבָּשָׁה, הַמָּקוֹם יְרַחֵם עֲלֵיהֶם
וְיוֹצִיאֵם מִצָּרָה לִרְוָחָה, וּמֵאֲפֵלָה לְאוֹרָה, וּמִשִּׁעְבּוּד
לִגְאֻלָּה, הַשְׁתָּא בַּעֲגָלָא וּבִזְמַן קָרִיב.

אַחַת שָׁאַלְתִּי One thing I ask of the Lord, only this do I seek:
to live in the House of the Lord all the days of my life,
to gaze on the beauty of the Lord and to worship in His Temple.

אֵין עֲרֹךְ None can be compared to You, Lord our God, in this world.
There is none besides You, our King, in the life of the World to Come.
There is none but You, our Redeemer, in the days of the Messiah.
There is none like You, our Savior, at the resurrection of the dead.

אֵלֶּה בָרֶכֶב Some trust in chariots, others in horses,
but we call on the name of the Lord our God.
They are bowed down and fallen: but we are risen, and stand upright.

אֱלֹהִים צְבָאוֹת God of hosts, please come back and see,
and remember again this vine, the stock that Your right hand planted,
and the shoot that You tied firm to You.

אִלּוּ הָיָה Had I but strength, I would go out to the market place,
I would cry out and tell them, "Today is the Sabbath of the Lord!"

אֵלִי, אֵלִי God, my God, may these things never end: the sand and the sea,
the hush of the waters, the lightning of heaven, the prayer of man.

אֵלִי אַתָּה You are my God, and I will beautify You;
my father's God, and I will exalt You.
Thank the Lord for He is good;
His loving-kindness is for ever.

אֵלֶיךָ יהוה To You, Lord, I called; I pleaded with my Lord:
"Hear, Lord, and be gracious to me; Lord, be my help."

אָמַר רַבִּי Rabbi Akiva said, "You shall love your neighbor as you love yourself":
This is a central principle of the Torah.

אָנָּא, בְּכֹחַ Please, by the power of Your great right hand,
set the captive nation free. Accept Your people's prayer.
Strengthen us, purify us, You who are revered.

תהלים כז

אַחַת שָׁאַלְתִּי מֵאֵת־יהוה, אוֹתָהּ אֲבַקֵּשׁ
שִׁבְתִּי בְּבֵית־יהוה כָּל־יְמֵי חַיַּי, לַחֲזוֹת בְּנֹעַם־יהוה, וּלְבַקֵּר בְּהֵיכָלוֹ:

תפילת
שחרית לשבת

אֵין עֲרֹךְ לְךָ, יהוה אֱלֹהֵינוּ בָּעוֹלָם הַזֶּה
וְאֵין זוּלָתְךָ מַלְכֵּנוּ לְחַיֵּי הָעוֹלָם הַבָּא.
אֶפֶס בִּלְתְּךָ, גּוֹאֲלֵנוּ לִימוֹת הַמָּשִׁיחַ.
וְאֵין דּוֹמֶה לְךָ מוֹשִׁיעֵנוּ, לִתְחִיַּת הַמֵּתִים.

תהלים כ

אֵלֶּה בָרֶכֶב וְאֵלֶּה בַסּוּסִים
וַאֲנַחְנוּ בְּשֵׁם־יהוה אֱלֹהֵינוּ נַזְכִּיר:
הֵמָּה כָּרְעוּ וְנָפָלוּ, וַאֲנַחְנוּ קַמְנוּ וַנִּתְעוֹדָד:

תהלים פ

אֱלֹהִים צְבָאוֹת שׁוּב נָא, הַבֵּט מִשָּׁמַיִם וּרְאֵה, וּפְקֹד גֶּפֶן זֹאת:
וְכַנָּה אֲשֶׁר־נָטְעָה יְמִינֶךָ, וְעַל־בֵּן אִמַּצְתָּה לָּךְ:

הרב ישעיה שפירא

אִלּוּ הָיָה לִי כֹּחַ, הָיִיתִי יוֹצֵא לַשּׁוּק

שמות טז

הָיִיתִי מַכְרִיז וְאוֹמֵר: "שַׁבָּת הַיּוֹם לַיהוה".

חנה סנש

אֵלִי, אֵלִי, שֶׁלֹּא יִגָּמֵר לְעוֹלָם
הַחוֹל וְהַיָּם, רִשְׁרוּשׁ שֶׁל הַמַּיִם
בְּרַק הַשָּׁמַיִם, תְּפִלַּת הָאָדָם.

תהלים קיח

אֵלִי אַתָּה וְאוֹדֶךָּ, אֱלֹהַי אֲרוֹמְמֶךָּ:
הוֹדוּ לַיהוה כִּי־טוֹב, כִּי לְעוֹלָם חַסְדּוֹ:

תהלים ל

אֵלֶיךָ יהוה אֶקְרָא, וְאֶל־אֲדֹנָי אֶתְחַנָּן:
שְׁמַע־יהוה וְחָנֵּנִי, יהוה הֱיֵה־עֹזֵר לִי:

על פי רש"י,
ויקרא יט
קבלת שבת

אָמַר רַבִּי עֲקִיבָא: "וְאָהַבְתָּ לְרֵעֲךָ כָּמוֹךָ" זֶה כְּלָל גָּדוֹל בַּתּוֹרָה.
אָנָּא, בְּכֹחַ גְּדֻלַּת יְמִינְךָ, תַּתִּיר צְרוּרָה.
קַבֵּל רִנַּת עַמְּךָ, שַׂגְּבֵנוּ, טַהֲרֵנוּ, נוֹרָא.

י״ג העיקרים

אֲנִי מַאֲמִין בֶּאֱמוּנָה שְׁלֵמָה בְּבִיאַת הַמָּשִׁיחַ
וְאַף עַל פִּי שֶׁיִּתְמַהְמֵהַּ עִם כָּל זֶה אֲחַכֶּה לּוֹ בְּכָל יוֹם שֶׁיָּבוֹא.

תהלים קכא

אֶשָּׂא עֵינַי אֶל־הֶהָרִים, מֵאַיִן יָבֹא עֶזְרִי:
עֶזְרִי מֵעִם יהוה, עֹשֵׂה שָׁמַיִם וָאָרֶץ:

שבע ברכות הנישואין

אֲשֶׁר בָּרָא שָׂשׂוֹן וְשִׂמְחָה, חָתָן וְכַלָּה, גִּילָה, רִנָּה
דִּיצָה וְחֶדְוָה, אַהֲבָה וְאַחֲוָה וְשָׁלוֹם וְרֵעוּת.
מְהֵרָה יהוה אֱלֹהֵינוּ, יִשָּׁמַע בְּעָרֵי יְהוּדָה וּבְחוּצוֹת יְרוּשָׁלָיִם
קוֹל שָׂשׂוֹן וְקוֹל שִׂמְחָה, קוֹל חָתָן וְקוֹל כַּלָּה
קוֹל מִצְהֲלוֹת חֲתָנִים מֵחֻפָּתָם וּנְעָרִים מִמִּשְׁתֵּה נְגִינָתָם.

מנחה לשבת

אַתָּה אֶחָד וְשִׁמְךָ אֶחָד וּמִי כְּעַמְּךָ יִשְׂרָאֵל גּוֹי אֶחָד בָּאָרֶץ.
תִּפְאֶרֶת גְּדֻלָּה וַעֲטֶרֶת יְשׁוּעָה, יוֹם מְנוּחָה וּקְדֻשָּׁה לְעַמְּךָ נָתָתָּ.
אַבְרָהָם יָגֵל, יִצְחָק יְרַנֵּן, יַעֲקֹב וּבָנָיו יָנוּחוּ בוֹ
מְנוּחַת אַהֲבָה וּנְדָבָה, מְנוּחַת אֱמֶת וֶאֱמוּנָה
מְנוּחַת שָׁלוֹם וְשַׁלְוָה וְהַשְׁקֵט וָבֶטַח.

אֲנִי מַאֲמִין I believe with perfect faith in the coming of the Messiah,
and though he may delay, I wait daily for his coming.

אֶשָּׂא עֵינַי I lift my eyes up to the hills; from where will my help come?
My help comes from the LORD, Maker of heaven and earth.

אֲשֶׁר בָּרָא [Blessed are You] who created joy and gladness,
bridegroom and bride, happiness and jubilation, cheer and delight,
love, fellowship, peace and friendship.
Soon, LORD our God, may there be heard in the cities of Judah,
and in the streets of Jerusalem,
the sounds of joy and gladness, the sounds of the bridegroom and bride,
the joyous sounds of bridegrooms from their wedding canopy and of young people at their feasts of song.

אַתָּה אֶחָד You are One, Your name is One;
and who is like Your people Israel, a nation unique on earth?
Splendor of greatness and a crown of salvation
is the day of rest and holiness You have given Your people.
Abraham will rejoice, Isaac sing for joy, Jacob and his children find rest in it –
a rest of love and generosity, a rest of truth and faith,
a rest of peace and tranquility, calm and trust.

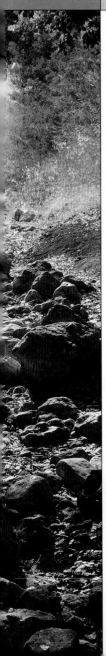

בִּלְבָבִי מִשְׁכָּן I shall build a tabernacle
in my heart for the glory of His presence,
and in that tabernacle I shall place an altar,
for the beams of His splendor.
I shall take for an eternal flame the fire of the binding
[of Isaac]; and as sacrifice I shall offer Him my only soul.

הֲבֵן יַקִּיר "Is Ephraim not a cherished son to Me,
a delightful child?
As I speak of him now I remember him again.
So it is that My heart yearns for him;
I shall show him compassion," says the Lord.

הוֹרֵנִי יהוה Teach me Your way, Lord,
and lead me on a level path, because of my oppressors.
Were it not for my faith that I shall see the Lord's goodness
in the land of the living…

הַמַּלְאָךְ הַגֹּאֵל May the angel who rescued me
from all harm, bless these boys.
May they be called by my name
and the names of my fathers, Abraham and Isaac,
and may they increase greatly on the earth.

הִנֵּה יָמִים The time will come…when I shall
banish all hunger from the earth.
There will be no hunger for bread, no thirst for water,
but only to hear the words of the Lord.

הִנֵּה מַה־טּוֹב How good and pleasant it is
when brothers dwell together.

הַנְּשָׁמָה לָךְ The spirit is Yours, and the body
Your creation. Spare those You have formed.

וַאֲנִי תְפִלָּתִי־לְךָ As for me, may my prayer
come to You, Lord, at a time of favor.
O God, in Your great love,
answer me with Your faithful salvation.

וְהָאֵר עֵינֵינוּ Enlighten our eyes in Your Torah
and let our hearts cling to Your commandments.
Unite our hearts to love and revere Your name,
so that we may never be ashamed or disgraced, or stumble.

בִּלְבָבִי מִשְׁכָּן אֶבְנֶה, לַהֲדַר כְּבוֹדוֹ על פי רבי
אלעזר אזכרי
וּבְמִשְׁכָּן מִזְבֵּחַ אָשִׂים, לְקַרְנֵי הוֹדוֹ.
וּלְנֵר תָּמִיד אֶקַּח לִי אֶת אֵשׁ הָעֲקֵדָה
וּלְקָרְבָּן אַקְרִיב לוֹ אֶת נַפְשִׁי הַיְחִידָה.

הֲבֵן יַקִּיר לִי אֶפְרַיִם אִם יֶלֶד שַׁעֲשׁוּעִים ירמיה לא
כִּי־מִדֵּי דַבְּרִי בּוֹ זָכֹר אֶזְכְּרֶנּוּ עוֹד
עַל־כֵּן הָמוּ מֵעַי לוֹ, רַחֵם אֲרַחֲמֶנּוּ נְאֻם־יהוה:

הוֹרֵנִי יהוה דַּרְכֶּךָ, וּנְחֵנִי בְּאֹרַח מִישׁוֹר, לְמַעַן שׁוֹרְרָי: תהלים כז
לוּלֵא הֶאֱמַנְתִּי לִרְאוֹת בְּטוּב־יהוה בְּאֶרֶץ חַיִּים:

הַמַּלְאָךְ הַגֹּאֵל אֹתִי מִכָּל־רָע יְבָרֵךְ אֶת־הַנְּעָרִים בראשית מח
וְיִקָּרֵא בָהֶם שְׁמִי וְשֵׁם אֲבֹתַי אַבְרָהָם וְיִצְחָק
וְיִדְגּוּ לָרֹב בְּקֶרֶב הָאָרֶץ:

הִנֵּה יָמִים בָּאִים... וְהִשְׁלַחְתִּי רָעָב בָּאָרֶץ עמוס ח
לֹא־רָעָב לַלֶּחֶם וְלֹא־צָמָא לַמַּיִם
כִּי אִם־לִשְׁמֹעַ אֵת דִּבְרֵי יהוה.

הִנֵּה מַה־טּוֹב וּמַה־נָּעִים, שֶׁבֶת אַחִים גַּם־יָחַד: תהלים קלג

הַנְּשָׁמָה לָךְ וְהַגּוּף פָּעֳלָךְ, חוּסָה עַל עֲמָלָךְ. סדר סליחות

וַאֲנִי תְפִלָּתִי־לְךָ יהוה עֵת רָצוֹן תהלים סט
אֱלֹהִים בְּרָב־חַסְדֶּךָ, עֲנֵנִי בֶּאֱמֶת יִשְׁעֶךָ:

וְהָאֵר עֵינֵינוּ בְּתוֹרָתֶךָ, וְדַבֵּק לִבֵּנוּ בְּמִצְוֹתֶיךָ תפילת שחרית
וְיַחֵד לְבָבֵנוּ לְאַהֲבָה וּלְיִרְאָה אֶת שְׁמֶךָ
שֶׁלֹּא נֵבוֹשׁ וְלֹא נִכָּלֵם וְלֹא נִכָּשֵׁל לְעוֹלָם וָעֶד.

וַהֲבִיאוֹתִים אֶל־הַר I shall bring them to My holy mountain,
and I shall have them rejoice in My House of prayer;
their offerings and their sacrifices shall be accepted, desired on My altar,
for My House will be called a house of prayer for all peoples.

וְזַכֵּנוּ לְקַבֵּל May we be worthy to receive Sabbaths amidst great joy,
wealth and honor, and few sins.
Grant us a virtuous desire to serve You in truth, awe and love.

וִיהוּדָה לְעוֹלָם And Judah shall be settled forever,
and Jerusalem for all generations.
I shall clear the guilt of those I have not cleared;
and the Lord shall dwell in Zion.

וְלִירוּשָׁלַיִם עִירְךָ To Jerusalem, Your city, may You return in compassion,
and may You dwell in it as You promised.
May You rebuild it speedily in our days as an everlasting structure,
and install within it soon the throne of Your servant David.

וְעָלוּ מוֹשִׁעִים Saviors shall go up to Mount Zion to judge Mount Esau,
and the Lord's shall be the kingdom.
Then shall the Lord be King over all the earth.
On that day shall the Lord be One and His name One.

וְקָרֵב פְּזוּרֵינוּ Bring close our scattered ones from among the nations,
and gather our exiles from the very ends of the earth.
Bring us to Zion, Your city, in joy,
and to Jerusalem, Your Temple, in everlasting happiness.

טוֹב לְהֹדוֹת It is good to thank the Lord
and sing psalms to Your name, Most High –
to tell of Your loving-kindness in the morning
and Your faithfulness at night.

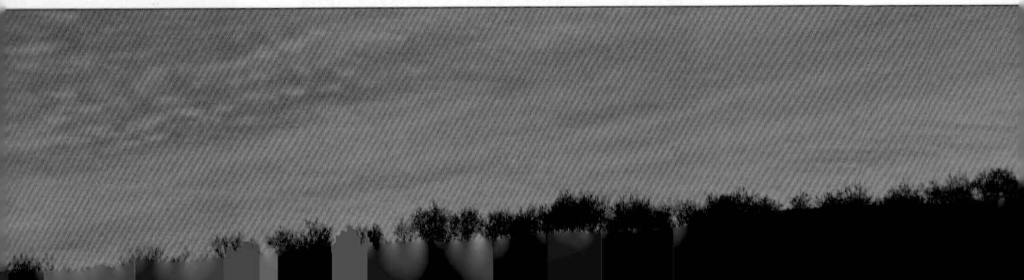

ישעיה נו

וַהֲבִיאוֹתִים אֶל־הַר קָדְשִׁי וְשִׂמַּחְתִּים בְּבֵית תְּפִלָּתִי
עוֹלֹתֵיהֶם וְזִבְחֵיהֶם לְרָצוֹן עַל־מִזְבְּחִי
כִּי בֵיתִי בֵּית־תְּפִלָּה יִקָּרֵא לְכָל־הָעַמִּים:

זמירת "ריבון כל העולמים"

וְזַכֵּנוּ לְקַבֵּל שַׁבָּתוֹת מִתּוֹךְ רֹב שִׂמְחָה
וּמִתּוֹךְ עֹשֶׁר וְכָבוֹד וּמִתּוֹךְ מִעוּט עֲוֹנוֹת.
וְתֵן בָּנוּ יֵצֶר טוֹב לְעָבְדְּךָ בֶּאֱמֶת וּבְיִרְאָה וּבְאַהֲבָה.

יואל ד

וִיהוּדָה לְעוֹלָם תֵּשֵׁב, וִירוּשָׁלַיִם לְדוֹר וָדוֹר:
וְנִקֵּיתִי, דָּמָם לֹא־נִקֵּיתִי, וַיהוה שֹׁכֵן בְּצִיּוֹן:

תפילת שמונה עשרה

וְלִירוּשָׁלַיִם עִירְךָ בְּרַחֲמִים תָּשׁוּב
וְתִשְׁכֹּן בְּתוֹכָהּ כַּאֲשֶׁר דִּבַּרְתָּ
וּבְנֵה אוֹתָהּ בְּקָרוֹב בְּיָמֵינוּ בִּנְיַן עוֹלָם
וְכִסֵּא דָוִד עַבְדְּךָ מְהֵרָה לְתוֹכָהּ תָּכִין.

עובדיה א

וְעָלוּ מוֹשִׁעִים בְּהַר צִיּוֹן לִשְׁפֹּט אֶת־הַר עֵשָׂו
וְהָיְתָה לַיהוה הַמְּלוּכָה:
וְהָיָה יהוה לְמֶלֶךְ עַל־כָּל־הָאָרֶץ

זכריה יד

בַּיּוֹם הַהוּא יִהְיֶה יהוה אֶחָד וּשְׁמוֹ אֶחָד:

מוסף לראש השנה

וְקָרֵב פְּזוּרֵינוּ מִבֵּין הַגּוֹיִם
וּנְפוּצוֹתֵינוּ כַּנֵּס מִיַּרְכְּתֵי אָרֶץ.
וַהֲבִיאֵנוּ לְצִיּוֹן עִירְךָ בְּרִנָּה
וְלִירוּשָׁלַיִם בֵּית מִקְדָּשְׁךָ בְּשִׂמְחַת עוֹלָם.

תהלים צב

טוֹב לְהֹדוֹת לַיהוה, וּלְזַמֵּר לְשִׁמְךָ עֶלְיוֹן:
לְהַגִּיד בַּבֹּקֶר חַסְדֶּךָ, וֶאֱמוּנָתְךָ בַּלֵּילוֹת:

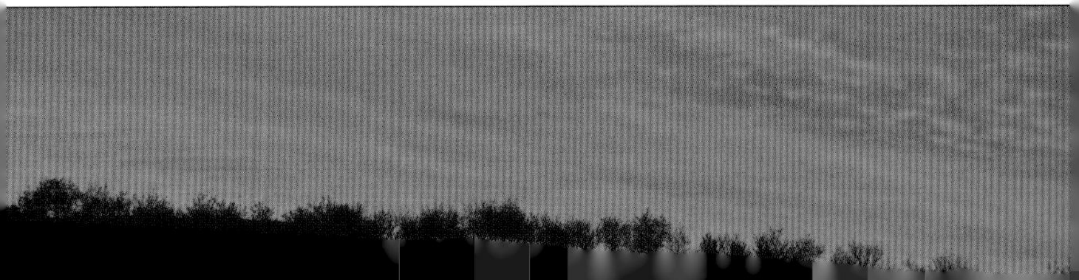

זמירות "במוצאי יום מנוחה"

יְהִי הַחֹדֶשׁ הַזֶּה, כִּנְבוּאַת אֲבִי חוֹזֵה
וְיִשָּׁמַע בְּבֵיתֵנוּ זֶה קוֹל שָׂשׂוֹן וְקוֹל שִׂמְחָה.
חָזָק יְמַלֵּא מִשְׁאֲלוֹתֵינוּ, אַמִּיץ יַעֲשֶׂה בַּקָּשָׁתֵנוּ
וְהוּא יִשְׁלַח בְּמַעֲשֵׂה יָדֵינוּ בְּרָכָה וְהַצְלָחָה.

תהלים קטו

יִשְׂרָאֵל בְּטַח בַּיהוה, עֶזְרָם, וּמָגִנָּם הוּא:

תהלים מב

כְּאַיָּל תַּעֲרֹג עַל־אֲפִיקֵי־מָיִם, כֵּן נַפְשִׁי תַעֲרֹג אֵלֶיךָ אֱלֹהִים:

ירמיה ב

כֹּה אָמַר יהוה, זָכַרְתִּי לָךְ חֶסֶד נְעוּרַיִךְ אַהֲבַת כְּלוּלֹתָיִךְ
לֶכְתֵּךְ אַחֲרַי בַּמִּדְבָּר בְּאֶרֶץ לֹא זְרוּעָה:

ירמיה לא

כֹּה אָמַר יהוה, מָצָא חֵן בַּמִּדְבָּר
עַם שְׂרִידֵי חָרֶב, הָלוֹךְ לְהַרְגִּיעוֹ יִשְׂרָאֵל:

ישעיה נה

כִּי־בְשִׂמְחָה תֵצֵאוּ וּבְשָׁלוֹם תּוּבָלוּן
הֶהָרִים וְהַגְּבָעוֹת יִפְצְחוּ לִפְנֵיכֶם רִנָּה
וְכָל־עֲצֵי הַשָּׂדֶה יִמְחֲאוּ־כָף:

יְהִי הַחֹדֶשׁ Let this month fulfill the prophecy of our father the seer,
and may sounds of joy, sounds of happiness be heard in this house.
The Mighty One shall fulfill our wishes; the Fearless One shall give us what we ask,
and He shall send blessing and success to all that our hands perform.

יִשְׂרָאֵל בְּטַח Israel, trust in the LORD – He is their Help and their Shield.

כְּאַיָּל תַּעֲרֹג As a gazelle longs for springs of water, my soul longs for You, my God.

כֹּה אָמַר This is what the LORD has said: "I remember of you the kindness
of your youth, your love when you were a bride,
and how you walked after Me through the desert, in a land not sown."

כֹּה אָמַר This is what the LORD has said: "A nation that survived the sword has found grace in the wilderness. Israel shall come to its resting place."

כִּי־בְשִׂמְחָה תֵצֵאוּ For you shall go out in joy, and be guided [home] in peace.
The mountains and the hills shall burst out in delight before you,
and all the trees of the field shall clap their hands.

כִּי הֵם For [Your commandments] are our life and the length of our days; on them will we meditate day and night.

כִּי יִקָּרֵא When a bird's nest should happen
along your path, on any tree,
or on the ground, with chicks or with eggs,
and the mother sitting on the chicks or on the eggs,
do not take the mother with the offspring.
You must send the mother bird away
and then take the young for yourself,
so that things shall be good with you
and that you shall live long.

כִּי לֹא־יִטֹּשׁ For the Lord will not forsake His people,
nor abandon His heritage.
Lord, save! May the King answer us on the day we call.

כִּי־נִחַם יהוה For the Lord has consoled Zion,
has consoled all her ruins,
and shall make her deserts like Eden,
and her wilderness like the garden of the Lord.
Joy and happiness shall be found in her;
thanks and the sound of singing.

כָּל הָעוֹלָם All this world is but a very narrow bridge;
and the most important thing is not to be afraid at all.

לֹא־אִירָא I shall have no fear of the myriads of people who beset me all around. The Lord will rise up and save me.

לֹא בְחַיִל Not by strength, not by force,
but by My spirit, says the Lord of hosts.

לֵב טָהוֹר Create in me, God, a pure heart,
and renew a firm spirit within me.
Do not cast me away from You,
and do not take Your sacred spirit from me.

לְךָ יהוה Yours, Lord, are the greatness and the power,
the glory and the majesty and splendor,
for everything in heaven and earth is Yours.
Yours, Lord, is the kingdom; You are exalted as Head over all.

כִּי הֵם חַיֵּינוּ וְאֹרֶךְ יָמֵינוּ
וּבָהֶם נֶהְגֶּה יוֹמָם וָלָיְלָה.

תפילת מעריב

כִּי יִקָּרֵא קַן־צִפּוֹר לְפָנֶיךָ בַּדֶּרֶךְ בְּכָל־עֵץ
אוֹ עַל־הָאָרֶץ אֶפְרֹחִים אוֹ בֵיצִים
וְהָאֵם רֹבֶצֶת עַל־הָאֶפְרֹחִים אוֹ עַל־הַבֵּיצִים
לֹא־תִקַּח הָאֵם עַל־הַבָּנִים:
שַׁלֵּחַ תְּשַׁלַּח אֶת־הָאֵם וְאֶת־הַבָּנִים תִּקַּח־לָךְ
לְמַעַן יִיטַב לָךְ וְהַאֲרַכְתָּ יָמִים:

דברים כב

כִּי לֹא־יִטֹּשׁ יהוה עַמּוֹ, וְנַחֲלָתוֹ לֹא יַעֲזֹב:

תהלים צד

יהוה הוֹשִׁיעָה, הַמֶּלֶךְ יַעֲנֵנוּ בְיוֹם־קָרְאֵנוּ:

תהלים כ

כִּי־נִחַם יהוה צִיּוֹן, נִחַם כָּל־חָרְבֹתֶיהָ
וַיָּשֶׂם מִדְבָּרָהּ כְּעֵדֶן וְעַרְבָתָהּ כְּגַן־יהוה
שָׂשׂוֹן וְשִׂמְחָה יִמָּצֵא בָהּ, תּוֹדָה וְקוֹל זִמְרָה:

ישעיה נא

כָּל הָעוֹלָם כֻּלּוֹ גֶּשֶׁר צַר מְאֹד
וְהָעִקָּר לֹא לְפַחֵד כְּלָל.

על פי רבי
נחמן מברסלב

לֹא־אִירָא מֵרִבְבוֹת עָם
אֲשֶׁר סָבִיב שָׁתוּ עָלָי:
קוּמָה יהוה הוֹשִׁיעֵנִי:

תהלים ג

לֹא בְחַיִל וְלֹא בְכֹחַ, כִּי אִם־בְּרוּחִי
אָמַר יהוה צְבָאוֹת:

זכריה ד

לֵב טָהוֹר בְּרָא־לִי אֱלֹהִים, וְרוּחַ נָכוֹן חַדֵּשׁ בְּקִרְבִּי:
אַל תַּשְׁלִיכֵנִי מִלְּפָנֶיךָ, וְרוּחַ קָדְשְׁךָ אַל תִּקַּח מִמֶּנִּי.

תהלים נא

לְךָ יהוה הַגְּדֻלָּה וְהַגְּבוּרָה
וְהַתִּפְאֶרֶת וְהַנֵּצַח וְהַהוֹד
כִּי־כֹל בַּשָּׁמַיִם וּבָאָרֶץ
לְךָ יהוה הַמַּמְלָכָה וְהַמִּתְנַשֵּׂא לְכֹל לְרֹאשׁ:

דברי הימים
א׳ כט

לְכוּ־בָנִים שִׁמְעוּ־לִי Come, my children, listen to me;
I will teach you the fear of the Lord.
Who desires life, loving each day to see good?
Then guard your tongue from evil,
and your lips from speaking deceit.
Turn from evil and do good;
seek peace and pursue it.

לְמַעַן אַחַי For the sake of my brothers and friends,
I shall say, "Peace be within you."
For the sake of the House of the Lord our God,
I will seek your good.

לְמַעַן צִיּוֹן For the sake of Zion I shall not be silent,
and for the sake of Jerusalem I shall not rest.

מָה־אָשִׁיב לַיהוה How can I repay the Lord for all His
goodness to me? I will lift the cup of salvation and call on the
name of the Lord. I will fulfill my vows to the Lord in the
presence of all His people. Grievous in the Lord's sight is the
death of His devoted ones. Truly, Lord, I am Your servant,
the son of Your maidservant. You set me free from my chains.
To You I shall bring a thanksgiving-offering and call on the
Lord by name. I will fulfill my vows to the Lord in the
presence of all His people, in the courts of the House of the
Lord, in your midst, Jerusalem. Halleluya.

מַה־טֹּבוּ אֹהָלֶיךָ How goodly are your tents, Jacob,
your dwelling places, Israel.
As for me, in Your great loving-kindness
I will come into Your House.
I will bow down to Your holy Temple in awe of You.

מָה־רַבּוּ מַעֲשֶׂיךָ How numerous are Your works, Lord;
You made them all in wisdom;
the earth is full of Your creations.

מְהֵרָה יהוה Soon, Lord our God, may there be heard in the
cities of Judah, and in the streets of Jerusalem,
the sounds of joy and gladness,
the sounds of the bridegroom and bride.

מִי־יַעֲלֶה בְהַר־יהוה Who may climb to the mountain of the
Lord? Who may stand in His holy place?

לְכוּ־בָנִים שִׁמְעוּ־לִי, יִרְאַת יהוה אֲלַמֶּדְכֶם: תהלים לד
מִי־הָאִישׁ הֶחָפֵץ חַיִּים, אֹהֵב יָמִים לִרְאוֹת טוֹב:
נְצֹר לְשׁוֹנְךָ מֵרָע, וּשְׂפָתֶיךָ מִדַּבֵּר מִרְמָה:
סוּר מֵרָע וַעֲשֵׂה־טוֹב, בַּקֵּשׁ שָׁלוֹם וְרָדְפֵהוּ:

לְמַעַן אַחַי וְרֵעָי, אֲדַבְּרָה־נָּא שָׁלוֹם בָּךְ: תהלים קכב
לְמַעַן בֵּית־יהוה אֱלֹהֵינוּ, אֲבַקְשָׁה טוֹב לָךְ:

לְמַעַן צִיּוֹן לֹא אֶחֱשֶׁה ישעיה סב
וּלְמַעַן יְרוּשָׁלַםִ לֹא אֶשְׁקוֹט:

מָה־אָשִׁיב לַיהוה, כָּל־תַּגְמוּלוֹהִי עָלָי: תהלים קטז
כּוֹס־יְשׁוּעוֹת אֶשָּׂא, וּבְשֵׁם יהוה אֶקְרָא:
נְדָרַי לַיהוה אֲשַׁלֵּם, נֶגְדָה־נָּא לְכָל־עַמּוֹ:
יָקָר בְּעֵינֵי יהוה, הַמָּוְתָה לַחֲסִידָיו:
אָנָּה יהוה כִּי־אֲנִי עַבְדֶּךָ
אֲנִי־עַבְדְּךָ בֶּן־אֲמָתֶךָ, פִּתַּחְתָּ לְמוֹסֵרָי:
לְךָ־אֶזְבַּח זֶבַח תּוֹדָה, וּבְשֵׁם יהוה אֶקְרָא:
נְדָרַי לַיהוה אֲשַׁלֵּם, נֶגְדָה־נָּא לְכָל־עַמּוֹ:
בְּחַצְרוֹת בֵּית יהוה, בְּתוֹכֵכִי יְרוּשָׁלָםִ, הַלְלוּיָהּ:

מַה־טֹּבוּ אֹהָלֶיךָ יַעֲקֹב, מִשְׁכְּנֹתֶיךָ יִשְׂרָאֵל: במדבר כד
וַאֲנִי בְּרֹב חַסְדְּךָ אָבוֹא בֵיתֶךָ תהלים ה
אֶשְׁתַּחֲוֶה אֶל־הֵיכַל־קָדְשְׁךָ בְּיִרְאָתֶךָ:

מָה־רַבּוּ מַעֲשֶׂיךָ יהוה, כֻּלָּם בְּחָכְמָה עָשִׂיתָ תהלים קד
מָלְאָה הָאָרֶץ קִנְיָנֶךָ:

מְהֵרָה יהוה אֱלֹהֵינוּ שבע ברכות הנישואין
יִשָּׁמַע בְּעָרֵי יְהוּדָה וּבְחוּצוֹת יְרוּשָׁלָיִם
קוֹל שָׂשׂוֹן וְקוֹל שִׂמְחָה, קוֹל חָתָן וְקוֹל כַּלָּה.

מִי־יַעֲלֶה בְהַר־יהוה, וּמִי־יָקוּם בִּמְקוֹם קָדְשׁוֹ: תהלים כד

מִן־הַמֵּצַר קָרָֽאתִי יָּהּ, עָנָֽנִי בַמֶּרְחָב יָהּ: תהלים קיח

מִקֹּלוֹת מַֽיִם רַבִּים, אַדִּירִים מִשְׁבְּרֵי־יָם, אַדִּיר בַּמָּרוֹם יהוה: תהלים צג
עֵדֹתֶיךָ נֶאֶמְנוּ מְאֹד, לְבֵיתְךָ נַאֲוָה־קֹֽדֶשׁ, יהוה לְאֹֽרֶךְ יָמִים:

נַֽעַר הָיִיתִי גַּם־זָקַנְתִּי וְלֹא־רָאִֽיתִי צַדִּיק נֶעֱזָב וְזַרְעוֹ מְבַקֶּשׁ־לָֽחֶם: תהלים לז
יהוה עֹז לְעַמּוֹ יִתֵּן יהוה יְבָרֵךְ אֶת־עַמּוֹ בַשָּׁלוֹם:

נֵר־לְרַגְלִי דְבָרֶֽךָ, וְאוֹר לִנְתִיבָתִי: תהלים קיט
נִשְׁבַּֽעְתִּי וָאֲקַיֵּֽמָה לִשְׁמֹר מִשְׁפְּטֵי צִדְקֶֽךָ:

עִבְדוּ אֶת יהוה בְּשִׂמְחָה, בֹּֽאוּ לְפָנָיו בִּרְנָנָה: תהלים ק

עוֹד יִשָּׁמַע בְּעָרֵי יְהוּדָה וּבְחוּצוֹת יְרוּשָׁלָֽיִם שבע ברכות הנישואין
קוֹל שָׂשׂוֹן וְקוֹל שִׂמְחָה, קוֹל חָתָן וְקוֹל כַּלָּה
קוֹל מִצְהֲלוֹת חֲתָנִים מֵחֻפָּתָם וּנְעָרִים מִמִּשְׁתֵּה נְגִינָתָם.

מִן־הַמֵּצַר קָרָֽאתִי In my distress I called on the Lord.
The Lord answered me and set me free.

מִקֹּלוֹת מַֽיִם Mightier than the noise of many waters,
than the mighty waves of the sea is the Lord on high.
Your testimonies are very sure;
holiness adorns Your House, Lord, for evermore.

נַֽעַר הָיִיתִי Once I was young, and now I am old,
yet I have never watched a righteous man forsaken,
or his children begging for bread.
The Lord will give His people strength.
The Lord will bless His people with peace.

נֵר־לְרַגְלִי דְבָרֶֽךָ Your words are a candle to my feet, light to my path.
I have sworn and shall fulfill my undertaking, to keep Your righteous laws.

עִבְדוּ אֶת Serve the Lord with joy.
Come before Him with jubilation.

עוֹד יִשָּׁמַע Soon, Lord our God, may there be heard in the cities of Judah, and in the streets of Jerusalem, the sounds of joy and gladness, the sounds of the bridegroom and bride, the joyous sounds of bridegrooms from their wedding canopy, and of young people from their feasts of song.

עוֹז־וְהָדָר She is clothed with strength and dignity;
she can laugh at the days to come.

עַל שְׁלֹשָׁה On three things the world stands:
on the Torah, on Divine worship, and on acts of loving-kindness.

עֵץ־חַיִּים הִיא It is a tree of life to those who grasp it,
and all those who uphold it are happy.
Its ways are ways of pleasantness, and all its paths are peace.
Turn us back, O Lord, to You, and we will return. Renew our days as of old.

עֹשֶׂה שָׁלוֹם He who makes peace in His high places,
may He make peace for us and all Israel.

פְּרֹק יָת From the lion's jaw, Your flock rescue.
Bring Your exiles home to You:
the people You chose, deliver anew.

פִּתְחוּ־לִי Open for me the gates of righteousness
that I may enter them and thank the Lord.
This is the gateway to the Lord; through it the righteous shall enter.

צַדִּיק כַּתָּמָר The righteous will flourish like a palm tree
and grow tall like a cedar in Lebanon.
Planted in the Lord's House, blossoming in our God's courtyards,
they will still bear fruit in old age, and stay vigorous and fresh,
proclaiming that the Lord is upright:
He is my Rock, in whom there is no wrong.

קוֹל בְּרָמָה A voice is heard in Ramah, mourning, bitter weeping.
Rachel is weeping for her children,
refusing to be consoled, over her children, for they are not.
This is what the Lord has said, "Hold back your voice from weeping,
and your eyes from tears, for there is reward for your actions," says the Lord,
"and they will come back from an enemy land.
"There is hope for your end," says the Lord,
"and sons will return to their borders."

עֹז־וְהָדָר לְבוּשָׁהּ, וַתִּשְׂחַק לְיוֹם אַחֲרוֹן: משלי לא

עַל שְׁלֹשָׁה דְבָרִים הָעוֹלָם עוֹמֵד אבות א
עַל הַתּוֹרָה, וְעַל הָעֲבוֹדָה, וְעַל גְּמִילוּת חֲסָדִים.

עֵץ־חַיִּים הִיא לַמַּחֲזִיקִים בָּהּ, וְתֹמְכֶיהָ מְאֻשָּׁר: משלי ג
דְּרָכֶיהָ דַרְכֵי־נֹעַם וְכָל־נְתִיבוֹתֶיהָ שָׁלוֹם:

הֲשִׁיבֵנוּ יהוה אֵלֶיךָ וְנָשׁוּבָה, חַדֵּשׁ יָמֵינוּ כְּקֶדֶם: איכה ה

עֹשֶׂה שָׁלוֹם בִּמְרוֹמָיו הוּא יַעֲשֶׂה שָׁלוֹם עָלֵינוּ תפילת
שמונה עשרה
וְעַל כָּל יִשְׂרָאֵל וְאִמְרוּ אָמֵן.

פְּרֹק יָת עָנָךְ מִפֻּם אַרְיָוָתָא זמירת "יה רבון"
וְאַפֵּק יָת עַמָּךְ מִגוֹ גָלוּתָא
עַמָּא דִּי בְחַרְתְּ מִכָּל אֻמַּיָּא.

פִּתְחוּ־לִי שַׁעֲרֵי־צֶדֶק, אָבֹא־בָם אוֹדֶה יָהּ: תהלים קיח
זֶה־הַשַּׁעַר לַיהוה, צַדִּיקִים יָבֹאוּ בוֹ:

צַדִּיק כַּתָּמָר יִפְרָח, כְּאֶרֶז בַּלְּבָנוֹן יִשְׂגֶּה: תהלים צב
שְׁתוּלִים בְּבֵית יהוה, בְּחַצְרוֹת אֱלֹהֵינוּ יַפְרִיחוּ:
עוֹד יְנוּבוּן בְּשֵׂיבָה, דְּשֵׁנִים וְרַעֲנַנִּים יִהְיוּ:
לְהַגִּיד כִּי־יָשָׁר יהוה, צוּרִי, וְלֹא־עַוְלָתָה בּוֹ:

קוֹל בְּרָמָה נִשְׁמָע, נְהִי בְּכִי תַמְרוּרִים ירמיה לא
רָחֵל מְבַכָּה עַל־בָּנֶיהָ, מֵאֲנָה לְהִנָּחֵם עַל־בָּנֶיהָ, כִּי אֵינֶנּוּ:
כֹּה אָמַר יהוה מִנְעִי קוֹלֵךְ מִבֶּכִי וְעֵינַיִךְ מִדִּמְעָה
כִּי יֵשׁ שָׂכָר לִפְעֻלָּתֵךְ נְאֻם־יהוה, וְשָׁבוּ מֵאֶרֶץ אוֹיֵב:
וְיֵשׁ־תִּקְוָה לְאַחֲרִיתֵךְ נְאֻם־יהוה, וְשָׁבוּ בָנִים לִגְבוּלָם:

קוֹל צֹפַיִךְ The voice of your watchmen,
they shall raise their voices, they shall rejoice together,
for with their own eyes they shall witness
the LORD's return to Zion.

רַבּוֹת מַחֲשָׁבוֹת Many are the intentions in a person's mind,
but the LORD's plan prevails.
The LORD's plan shall stand for ever,
His mind's intent for all generations.

רַבִּי נַחְמָן Rabbi Nachman of Bratslav used to say, "Never
despair. If a hard time comes, one must only be happy."

רַחֵם בְּחַסְדְּךָ Have compassion, in Your love,
for Your people, our Rock, for Zion,
Your home of glory, Temple of our splendor.
The son of David Your servant: may he come and redeem us,
breath of our life, anointed of the LORD.

שׁוֹמֵר יִשְׂרָאֵל Guardian of Israel, guard the remnant of Israel,
and let not Israel perish, who declare, "Listen, Israel." […]
We do not know what to do, but our eyes are turned to You.
Remember, LORD, Your compassion and loving-kindness,
for they are everlasting.

שְׁמַע בְּנִי Obey, my son, your father's message,
and do not abandon your mother's teachings.

שְׁמַע יִשְׂרָאֵל Listen, Israel: the LORD is our God,
the LORD is One.

שְׁמַע קוֹלֵנוּ Listen to our voice, LORD our God.
Spare us and have compassion on us,
and in compassion and favor accept our prayer.

תְּהֵא הַשָּׁעָה May this time be a time of compassion,
a moment of acceptance before You.

תַּחַת אֲשֶׁר Because he was zealous for his God,
and atoned for the children of Israel.

תִּנָּצֵל נַפְשִׁי May my life's-breath, spirit, soul and prayer be
delivered from external impediments…
Shade them like an eagle stirring up its nest,
hovering over its young.

ישעיה נב

קוֹל צֹפַיִךְ נָשְׂאוּ קוֹל, יַחְדָּו יְרַנֵּנוּ
כִּי עַיִן בְּעַיִן יִרְאוּ בְּשׁוּב יהוה צִיּוֹן:

משלי יט

רַבּוֹת מַחֲשָׁבוֹת בְּלֶב־אִישׁ, וַעֲצַת יהוה הִיא תָקוּם:

תהלים לג

עֲצַת יהוה לְעוֹלָם תַּעֲמֹד, מַחְשְׁבוֹת לִבּוֹ לְדֹר וָדֹר:

על פי רבי נחמן מברסלב

רַבִּי נַחְמָן מִבְּרַסְלָב כָּךְ אוֹמֵר:
אָסוּר לְהִתְיָאֵשׁ
אִם הִגִּיעַ זְמַן קָשֶׁה רַק לִשְׂמֹחַ יֵשׁ.

זמירת "צור משלו"

רַחֵם בְּחַסְדֶּךָ עַל עַמְּךָ צוּרֵנוּ
עַל צִיּוֹן מִשְׁכַּן כְּבוֹדֶךָ זְבוּל בֵּית תִּפְאַרְתֵּנוּ
בֶּן דָּוִד עַבְדֶּךָ יָבוֹא וְיִגְאָלֵנוּ
רוּחַ אַפֵּינוּ מְשִׁיחַ יהוה.

סדר תחנון

שׁוֹמֵר יִשְׂרָאֵל, שְׁמֹר שְׁאֵרִית יִשְׂרָאֵל
וְאַל יֹאבַד יִשְׂרָאֵל הָאוֹמְרִים שְׁמַע יִשְׂרָאֵל...
וַאֲנַחְנוּ לֹא נֵדַע מַה־נַּעֲשֶׂה, כִּי עָלֶיךָ עֵינֵינוּ:
זְכֹר־רַחֲמֶיךָ יהוה וַחֲסָדֶיךָ, כִּי מֵעוֹלָם הֵמָּה:

משלי א

שְׁמַע בְּנִי מוּסַר אָבִיךָ וְאַל־תִּטֹּשׁ תּוֹרַת אִמֶּךָ:

דברים ו

שְׁמַע יִשְׂרָאֵל, יהוה אֱלֹהֵינוּ, יהוה אֶחָד:

תפילת שמונה עשרה

שְׁמַע קוֹלֵנוּ יהוה אֱלֹהֵינוּ חוּס וְרַחֵם עָלֵינוּ
וְקַבֵּל בְּרַחֲמִים וּבְרָצוֹן אֶת תְּפִלָּתֵנוּ.

תפילת "אבינו מלכנו"

תְּהֵא הַשָּׁעָה הַזֹּאת שְׁעַת רַחֲמִים
וְעֵת רָצוֹן מִלְּפָנֶיךָ.

במדבר כה

תַּחַת אֲשֶׁר קִנֵּא לֵאלֹהָיו וַיְכַפֵּר עַל־בְּנֵי יִשְׂרָאֵל:

סדר עטיפת טלית

תִּנָּצֵל נַפְשִׁי רוּחִי וְנִשְׁמָתִי וּתְפִלָּתִי מִן הַחִיצוֹנִים.
וְתַצִּילֵם כְּנֶשֶׁר יָעִיר קִנּוֹ עַל גּוֹזָלָיו יְרַחֵף.

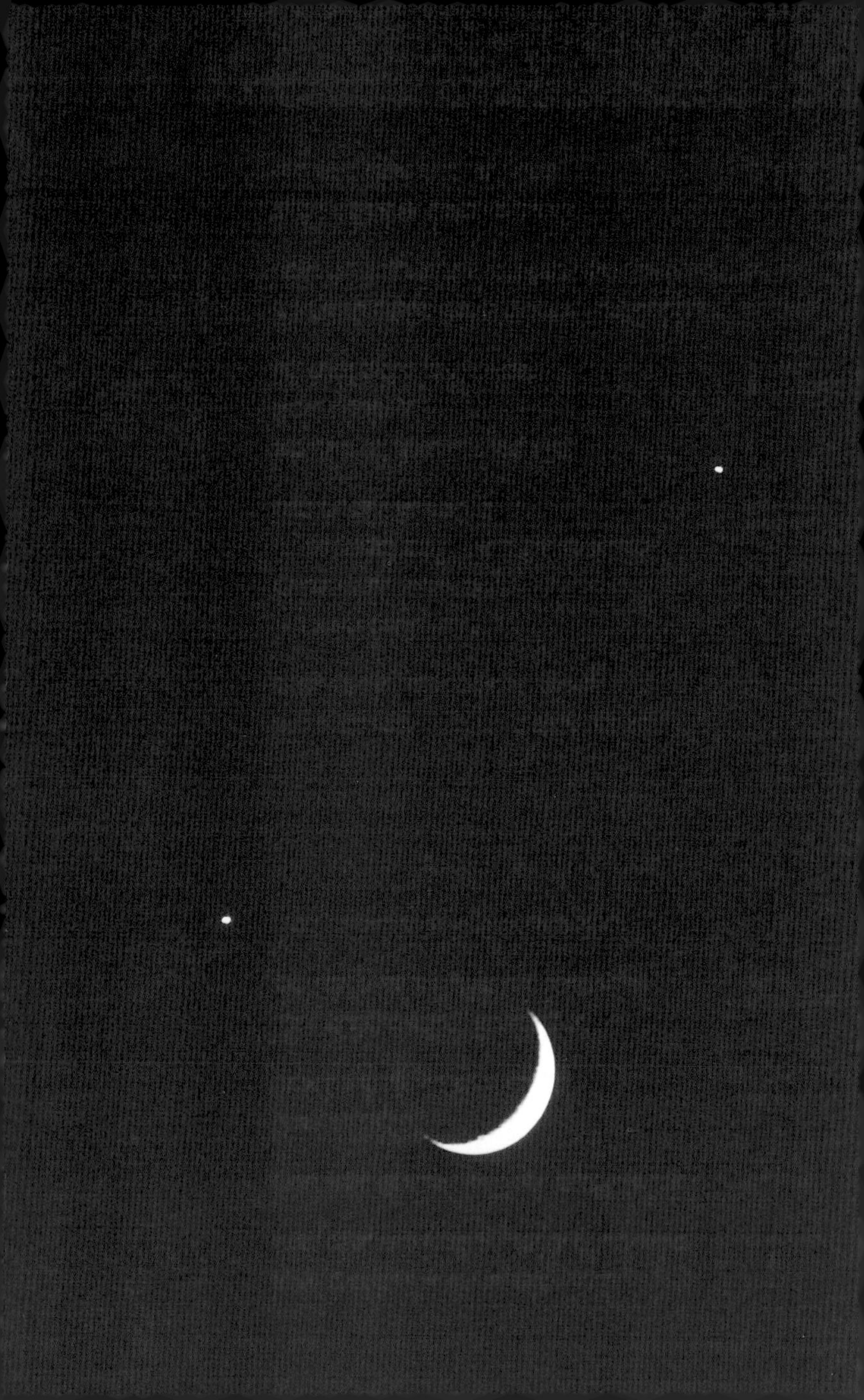

הבדלה
HAVDALA

HAVDALA

*On Motza'ei Yom Tov that is not a Motza'ei Shabbat, the first paragraph
and the blessings for the spices and flame are omitted. At the end of Yom Kippur,
Havdala includes the blessing for the flame. Taking a cup of wine in the right hand, say:*

הִנֵּה Behold, God is my salvation. I will trust and not be afraid.

The Lord, the Lord, is my strength and my song.

He has become my salvation.

With joy you will draw water from the springs of salvation.

Salvation is the Lord's; on Your people is Your blessing, Selah.

The Lord of hosts is with us, the God of Jacob is our stronghold, Selah.

Lord of hosts: happy is the one who trusts in You.

Lord, save! May the King answer us on the day we call.

For the Jews there was light and gladness, joy and honor – so may it be for us.

I will lift the cup of salvation and call on the name of the Lord.

When making Havdala for others, add:
Please pay attention, my masters.

בָּרוּךְ Blessed are You, Lord our God, King of the Universe,
who creates the fruit of the vine.

Hold the spice box and say:

בָּרוּךְ Blessed are You, Lord our God, King of the Universe,
who creates the various spices.

*Smell the spices and put the spice box down.
Lift the hands toward the flame of the Havdala candle and say:*

בָּרוּךְ Blessed are You, Lord our God, King of the Universe,
who creates the lights of fire.

Holding the cup of wine again in the right hand, say:

בָּרוּךְ Blessed are You, Lord our God, King of the Universe,
who distinguishes between sacred and secular, between light and darkness,
between Israel and the nations,
between the seventh day and the six days of work.
Blessed are You, Lord, who distinguishes between sacred and secular.

On Shabbat Ḥol HaMo'ed Sukkot, when making Havdala in the sukka, say:

בָּרוּךְ Blessed are You, Lord our God, King of the Universe, who has made
us holy through His commandments and has commanded us to dwell in
the sukka.

הבדלה

On מוצאי יום טוב that is not a מוצאי שבת, the first paragraph and the blessings for the spices and flame are omitted. At the end of יום כפור, הבדלה includes the blessing for the flame. Taking a cup of wine in the right hand, say:

ישעיה יב הִנֵּה אֵל יְשׁוּעָתִי אֶבְטַח, וְלֹא אֶפְחָד
כִּי־עָזִּי וְזִמְרָת יָהּ יהוה, וַיְהִי־לִי לִישׁוּעָה:
וּשְׁאַבְתֶּם־מַיִם בְּשָׂשׂוֹן, מִמַּעַיְנֵי הַיְשׁוּעָה:
תהלים ג לַיהוה הַיְשׁוּעָה, עַל־עַמְּךָ בִרְכָתֶךָ סֶּלָה:
תהלים מו יהוה צְבָאוֹת עִמָּנוּ, מִשְׂגָּב לָנוּ אֱלֹהֵי יַעֲקֹב סֶלָה:
תהלים פד יהוה צְבָאוֹת, אַשְׁרֵי אָדָם בֹּטֵחַ בָּךְ:
תהלים כ יהוה הוֹשִׁיעָה, הַמֶּלֶךְ יַעֲנֵנוּ בְיוֹם־קָרְאֵנוּ:
אסתר ח לַיְּהוּדִים הָיְתָה אוֹרָה וְשִׂמְחָה וְשָׂשֹׂן וִיקָר: כֵּן תִּהְיֶה לָּנוּ.
תהלים קטז כּוֹס־יְשׁוּעוֹת אֶשָּׂא, וּבְשֵׁם יהוה אֶקְרָא:

When making הבדלה for others, add:

סַבְרִי מָרָנָן

בָּרוּךְ אַתָּה יהוה אֱלֹהֵינוּ מֶלֶךְ הָעוֹלָם, בּוֹרֵא פְּרִי הַגָּפֶן.

Hold the spice box and say:

בָּרוּךְ אַתָּה יהוה אֱלֹהֵינוּ מֶלֶךְ הָעוֹלָם, בּוֹרֵא מִינֵי בְשָׂמִים.

Smell the spices and put the spice box down.
Lift the hands toward the flame of the הבדלה candle and say:

בָּרוּךְ אַתָּה יהוה אֱלֹהֵינוּ מֶלֶךְ הָעוֹלָם, בּוֹרֵא מְאוֹרֵי הָאֵשׁ.

Holding the cup of wine again in the right hand, say:

בָּרוּךְ אַתָּה יהוה אֱלֹהֵינוּ מֶלֶךְ הָעוֹלָם
הַמַּבְדִּיל בֵּין קֹדֶשׁ לְחֹל, בֵּין אוֹר לְחֹשֶׁךְ
בֵּין יִשְׂרָאֵל לָעַמִּים, בֵּין יוֹם הַשְּׁבִיעִי לְשֵׁשֶׁת יְמֵי הַמַּעֲשֶׂה.
בָּרוּךְ אַתָּה יהוה, הַמַּבְדִּיל בֵּין קֹדֶשׁ לְחֹל.

On שבת חול המועד סוכות, when making הבדלה in the סוכה, say:

בָּרוּךְ אַתָּה יהוה אֱלֹהֵינוּ מֶלֶךְ הָעוֹלָם
אֲשֶׁר קִדְּשָׁנוּ בְּמִצְוֹתָיו, וְצִוָּנוּ לֵישֵׁב בַּסֻּכָּה.

הַמַּבְדִּיל He who distinguishes between sacred and secular,
may He forgive our sins.
May He multiply our offspring and wealth like the sand,
and like the stars at night.

The day has passed like a palm tree's shadow;
I call on God to fulfill what the watchman said:
"Morning comes, though now it is night."

Your righteousness is as high as Mount Tabor.
May You pass high over my sins.
[Let them be] like yesterday when it has passed, like a watch in the night.

The time of offerings has passed. Would that I might rest.
I am weary with my sighing, every night I drench [with tears].

Hear my voice; let it not be cast aside. Open for me the lofty gate.
My head is filled with the dew of dawn, my hair with raindrops of the night.

Heed my prayer, revered and awesome God.
When I cry, grant me deliverance at twilight,
as the day fades, or in the darkness of the night.

I call to You, Lord: Save me. Make known to me the path of life.
Rescue me from misery before day turns to night.

Cleanse the defilement of my deeds, lest those who torment me say,
"Where is the God who made me, who gives cause for songs in the night?"

We are in Your hands like clay: please forgive our sins, light and grave.
Day to day they pour forth speech, and night to night [they communicate
knowledge].

הַמַּבְדִּיל בֵּין קֹדֶשׁ לְחֹל, חַטֹּאתֵינוּ הוּא יִמְחֹל
זַרְעֵנוּ וְכַסְפֵּנוּ יַרְבֶּה כַחוֹל וְכַכּוֹכָבִים בַּלָּיְלָה.

יוֹם פָּנָה כְּצֵל תֹּמֶר, אֶקְרָא לָאֵל עָלַי גּוֹמֵר
אָמַר שֹׁמֵר, אָתָא בֹקֶר וְגַם לָיְלָה.

ישעיה כא

צִדְקָתְךָ כְּהַר תָּבוֹר, עַל חֲטָאַי עָבֹר תַּעֲבֹר
כְּיוֹם אֶתְמוֹל כִּי יַעֲבֹר, וְאַשְׁמוּרָה בַלָּיְלָה.

תהלים צ

חָלְפָה עוֹנַת מִנְחָתִי, מִי יִתֵּן מְנוּחָתִי
יָגַעְתִּי בְאַנְחָתִי, אַשְׂחֶה בְכָל־לָיְלָה.

תהלים ו

קוֹלִי בַל יֻנְטַל, פְּתַח לִי שַׁעַר הַמְנֻטָּל
שֶׁרֹאשִׁי נִמְלָא טָל, קְוֻצּוֹתַי רְסִיסֵי לָיְלָה.

שיר השירים ה

הֵעָתֵר נוֹרָא וְאָיֹם, אֲשַׁוֵּעַ תְּנָה פִדְיוֹם
בְּנֶשֶׁף בְּעֶרֶב יוֹם, בְּאִישׁוֹן לָיְלָה.

משלי ז

קְרָאתִיךָ יָהּ, הוֹשִׁיעֵנִי, אֹרַח חַיִּים תּוֹדִיעֵנִי
מִדַּלָּה תְבַצְּעֵנִי, מִיּוֹם עַד־לָיְלָה.

טַהֵר טִנּוּף מַעֲשַׂי, פֶּן יֹאמְרוּ מַכְעִיסַי
אַיֵּה אֱלוֹהַּ עֹשָׂי, נֹתֵן זְמִרוֹת בַּלָּיְלָה.

איוב לה

נַחְנוּ בְיָדְךָ כַּחֹמֶר, סְלַח נָא עַל קַל וָחֹמֶר
יוֹם לְיוֹם יַבִּיעַ אֹמֶר, וְלַיְלָה לְּלַיְלָה.

תהלים יט

אֱלֹהִים יִסְעָדֵנוּ God sustain us
with blessing, in all we have,
and grant us goodness
in all we put our hands to.
> God sustain us.

On Sunday as we set to work,
may He order blessing to us,
and so too on Monday,
may He sweeten the secret hidden in wait for us.
> God sustain us.

Multiply my hosts, Savior,
on Tuesday and on Wednesday.
On Thursday, without suffering,
may He send us our redeemer.
> God sustain us.

Prepare fresh meat
on Friday for the sacred meal.
Holiness, praise, honor,
on all that we desire.
> God sustain us.

We shall offer our souls
delights on our holy day,
and our couch is luscious with life,
and the night, lit up for us.
> God sustain us.

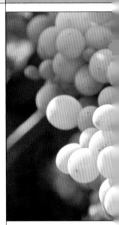

אֱלֹהִים יִסְעָדֵנוּ
בְּרָכָה בִּמְאֹדֵנוּ
וְזֶבֶד טוֹב יִזְבְּדֵנוּ
בְּכָל מִשְׁלַח יָדֵינוּ.
אֱלֹהִים יִסְעָדֵנוּ.

בְּיוֹם רִאשׁוֹן לִמְלָאכָה
יְצַו אִתָּנוּ בְּרָכָה
וְיוֹם הַשֵּׁנִי כָּכָה
יַמְתִּיק אֶת סוֹדֵנוּ.
אֱלֹהִים יִסְעָדֵנוּ.

רַבֵּה צְבָאַי, יִשְׁעִי
בַּשְּׁלִישִׁי וּבָרְבִיעִי
בַּחֲמִישִׁי אַךְ לֹא בְעִי
יִשְׁלַח אֶת פּוֹדֵנוּ.
אֱלֹהִים יִסְעָדֵנוּ.

הָכֵן טְבֹחַ טֶבַח
בְּיוֹם הַשִּׁשִּׁי זֶבַח
קֹדֶשׁ הִלּוּל וָשֶׁבַח
עַל כָּל מַחְמַדֵּנוּ.
אֱלֹהִים יִסְעָדֵנוּ.

מַעֲדַנִּים לְנַפְשֵׁנוּ
נִתַּן בְּיוֹם קָדְשֵׁנוּ
וְרַעֲנָנָה עַרְשֵׁנוּ
וְלַיְלָה אוֹר בַּעֲדֵנוּ.
אֱלֹהִים יִסְעָדֵנוּ.

אֵלִי חִישׁ גֹּאֲלִי My God, bring my redeemer quickly;
let Your servant bring success to me,
bringing good news, my God, with Elijah the Prophet.

Lovely on the mountaintops, the messengers of their Creator,
and the feet of the bringers of tidings, saying "Come, come back."

> My God, bring my redeemer quickly;
> let Your servant bring success to me,
> bringing good news, my God, with Elijah the Prophet.

Take shelter but a moment; with every illness, every plague
shall I harm your foes; there is a day of vengeance in My mind.

> My God, bring my redeemer quickly;
> let Your servant bring success to me,
> bringing good news, my God, with Elijah the Prophet.

Your King shall come to you, you who are all beautiful;
and, My beloved, before you shall come [Elijah], the Gileadite,
the Tishbite.

> My God, bring my redeemer quickly;
> let Your servant bring success to me,
> bringing good news, my God, with Elijah the Prophet.

The lips of the dove chicks shall drip sweetness,
for the time for graciousness has come to Zion, the radiant legacy.

> My God, bring my redeemer quickly;
> let Your servant bring success to me,
> bringing good news, my God, with Elijah the Prophet.

אֵלִי חִישׁ גֹּאֲלִי עַבְדְּךָ יַשְׂכִּילִי
מְבַשֵּׂר טוֹב אֵלִי, אֶת אֵלִיָּהוּ הַנָּבִיא.

נָאווּ עַל הֶהָרִים, שְׁלוּחֵי יוֹצֵר הָרִים
וְרַגְלֵי הַמְבַשְּׂרִים, בֶּאֱמֹר שׁוּבִי שׁוּבִי.

אֵלִי חִישׁ גֹּאֲלִי, עַבְדְּךָ יַשְׂכִּילִי
מְבַשֵּׂר טוֹב אֵלִי, אֶת אֵלִיָּהוּ הַנָּבִיא.

חֲבִי כִמְעַט רֶגַע, כָּל מַחֲלָה וְכָל נֶגַע
אוֹיְבַיִךְ אֶפְגַּע, יוֹם נָקָם בְּלִבִּי.

אֵלִי חִישׁ גֹּאֲלִי, עַבְדְּךָ יַשְׂכִּילִי
מְבַשֵּׂר טוֹב אֵלִי, אֶת אֵלִיָּהוּ הַנָּבִיא.

מַלְכֵּךְ יָבוֹא לָךְ, יָפָה אַתְּ כֻּלָּךְ
וְרַעְיָתִי לְמוּלָךְ, גִּלְעָדִי הַתִּשְׁבִּי.

אֵלִי חִישׁ גֹּאֲלִי, עַבְדְּךָ יַשְׂכִּילִי
מְבַשֵּׂר טוֹב אֵלִי, אֶת אֵלִיָּהוּ הַנָּבִיא.

נֹפֶת תִּטֹּפְנָה, שִׂפְתֵי בְנֵי יוֹנָה
כִּי בָא עֵת לְחֶנְנָהּ, צִיּוֹן נַחֲלַת צְבִי.

אֵלִי חִישׁ גֹּאֲלִי, עַבְדְּךָ יַשְׂכִּילִי
מְבַשֵּׂר טוֹב אֵלִי, אֶת אֵלִיָּהוּ הַנָּבִיא.

אַדִּיר אָיֹם וְנוֹרָא	בַּצַּר לִי לְךָ אֶקְרָא	יהוה לִי לֹא אִירָא.	תהלים קיח
גְּדֹר פִּרְצַת הֵיכָלִי	דָּגוּל מַהֵר חַכְלִילִי	יהוה הֱיֵה עֹזֵר לִי.	תהלים ל
הֵן אַתָּה תִקְוָתִי	וְלִישׁוּעָתְךָ קִוִּיתִי	אֲדֹנָי עֹז יְשׁוּעָתִי.	תהלים קמ
זָךְ וְנִשּׂוּא כַּפַּיִם	חֹן פּוֹרְשֵׂי כַפַּיִם	יהוה אֶרֶךְ אַפַּיִם.	במדבר יד
טוּבְךָ תָּחִישׁ לְעַמֶּךָ	יְהִי עָלֵינוּ כִּנְאֻמֶךָ	יהוה עֲשֵׂה לְמַעַן שְׁמֶךָ.	ירמיה יד
כּוֹנֵן בֵּית מְכוֹנֶךָ	לְהַרְבִּיץ בּוֹ צֹאנֶךָ	יהוה בְּאוֹר פָּנֶיךָ.	תהלים פט
מִפַּחַד לְהַצִּילִי	נַהֲלֵנִי לְגוֹרָלִי	אֲדֹנָי שִׁמְעָה בְקוֹלִי.	תהלים קל
סְעֹד וּסְמֹךְ לְנִמְהָרִים	עֱזָר נָא אֶת הַנִּשְׁאָרִים	יהוה יוֹצֵר הָרִים.	עמוס ד
פְּדֵה עַמְּךָ מֵעַזִּים	צֹאנְךָ מִיַּד גּוֹזְזִים	יהוה עֹשֵׂה חֲזִיזִים.	זכריה י
קָרֵב קֵץ נֶחָמָה	רַחֵם אֹם לֹא רֻחָמָה	יהוה אִישׁ מִלְחָמָה.	שמות טו
שְׁכֹן כִּמְאָז בְּאָהֳלֵנוּ	תָּמִיד אֵל מְחוֹלְלֵנוּ	יהוה מַלְכֵּנוּ הוּא יוֹשִׁיעֵנוּ:	ישעיה לג

אַדִּיר אָיֹם וְנוֹרָא Mighty, feared and reverenced One, / in my suffering I call You – / "The Lord is mine, I shall not fear."

Close the breach in my sanctuary. / Distinct among the others, hasten Ḥakhlili [the Messiah]. / "Lord, be my help."

You, You are my hope, / and I wait for You to save me, / "Lord, Might of my salvation."

Pure One, raised higher than the clouds, / be gracious to those who spread their hands [in prayer], "Lord, slow to anger."

Speed Your goodness to Your people; / may all You spoke of come to us. / "Lord, act for Your name's sake."

Establish the House which is Your resting place, / to lay Your flock down there, / "Lord, in the light of Your face."

Rescue me from fear; / lead me to Zion, the place allotted me, / "Lord, hear my voice."

Sustain the people who rush for You, support them; / help, please, those who still remain, / Lord "who created the mountains."

Redeem Your people from mighty ones, / Your sheep from those who shear them cold, / "Lord, who makes the lightning flash."

Bring close the time of consolation; / have compassion for a nation starved of compassion, / "Lord, Man of war."

Dwell in our tent as long ago; / give us birth, God, always. / "The Lord, our King – He is our Savior."

אִישׁ חָסִיד הָיָה Once upon a time there was a devoted man. So poor was he that he had no food or sustenance; and in his shame he stayed at home to study, for he had no clothes to wear either. What is more, he was responsible for the upkeep of his wife, an honorable woman, and five sons.　　　　One day his wife said, "I cannot be distracted any longer. We have no bread to eat, no clothes, nothing at all to call our own. You have searched the Torah and found what you looked for – but what are we to eat now?　　　"Listen. Go out to the marketplace, fearless as a knight in arms. Gracious, compassionate God above perhaps might take pity on us with some act of kindness. He is a shelter for those who place trust in Him; He grants the wishes of those who fear Him."　　　　"You advise me soundly and wisely," he said, "but I cannot agree to what you say. I cannot go out in shame and humiliation with nothing to cover me at all, with nothing in my hand to trade with, not even a penny."　　　　But the woman hurried round to her neighbors and borrowed a fine set of handsome clothes. And her husband put them on and cast all his trust onto the God he loved so much. The children, in their prayers, said, "Please, do not make this poor man come home shamed." Full of hope, he came to the marketplace. And who should be there to greet him but Elijah the prophet? The seer said to him, "Today you shall indeed become rich. Now command me, with all the honor you have: I am your slave.　　　　"Call out to anyone who may have a mind to buy a slave unmatched in all the world." The man was disturbed: how could he overturn all the laws? How can a servant sell his own master? But Elijah placed his wisdom within the man, and he then held onto Elijah as if he were indeed the prophet's master.　　　　A merchant eagerly bought the slave – for eight hundred thousand gold pieces. He demanded of Elijah what kind of work he did; asked whether he was skilled at building. "Build me a palace – a mansion," he said. "When it is finished – you are a free man."　　　　On the first day at work, Elijah toiled with all the other laborers. But at midnight he prayed, "Answer me, answer me, Performer of Wonders. I took this upon myself and had myself sold into slavery, not for my own honor's sake, but for Yours.　　"Now, God who created Your whole world, finish off this building. As I entreat You, show Your mercy, for my intentions are good." Angels of Mercy from high above then came down and began to build.　　　　The children of Majesty were many and soon all the work was done. The merchant was overjoyed when he saw that the task was finished, the most beautiful of handsome towers, exactly as the architects had planned.　　　　"Now," said Elijah, "Remember what you told me yesterday. Set me free, clearly and certainly, as you said you would when you spoke of liberty." The merchant was true to his word, and the man of truth, Elijah – vanished away.

אִישׁ חָסִיד הָיָה, בְּלִי מָזוֹן וּמִחְיָה. בְּבֵיתוֹ עָסַק מִלְּבוּשׁ, וְאֵין בֶּגֶד לִלְבֹּשׁ. גּוֹנֵן בַּחֲשׁוּבָה אִשָּׁה, וְגַם בְּבָנִים חֲמִשָּׁה. דִּבְּרָה לוֹ הָאִשָּׁה, יוֹתֵר אֵין לְהִתְיָאֲשָׁה. הֲמִבְּלִי לֶחֶם לֶאֱכֹל, בְּעֵרֹם וּבְחֹסֶר כֹּל. וְתוֹרָה מָצָאתָ כִּי יָגַעְתָּ, מַה נֹּאכַל מֵעַתָּה. זָהִיר כְּבַר נָשׁוּק, הֲלֹא תֵצֵא לַשּׁוּק. חַנּוּן וְרַחוּם בִּמְרוֹמָיו, אוּלַי יִגְמְלֵנוּ בְּרַחֲמָיו. טוֹב לְקַוּוֹ מַחֲסֶה, רְצוֹן יְרֵאָיו יַעֲשֶׂה. יָעַצְתְּ בְּדַעַת וּבְחָכְמָה, עֲצָתֵךְ בְּלִי לְהַסְכִּימָה. כְּצֵאתִי לְבֹשֶׁת וְלִכְלִמָּה, מִבְּלִי כְּסוּת וְשַׂלְמָה. לְאֵין בְּיָדַי לִפְרָטָה, אֲפִלּוּ שָׁוֶה פְּרוּטָה. מִהֲרָה וְשָׁאֲלָה מִשְּׁכֵנִים, מַלְבּוּשִׁים נָאִים מְתֻקָּנִים. נִלְבַּשׁ וְהִשְׁלִיךְ יְהָבוֹ, עַל יהוה אֲשֶׁר אֲהֵבוֹ. סָחוּ יְלָדָיו בִּפְלוּלָם, אַל יֵשֵׁב דַּךְ נִכְלָם. עָבַר בַּשּׁוּק בְּשִׁבְרָתוֹ, וְהִנֵּה אֵלִיָּהוּ הַנָּבִיא לִקְרָאתוֹ. פָּץ לוֹ הַמְבַשֵּׂר, בֶּאֱמֶת הַיּוֹם תִּתְעַשֵּׁר. צַוֵּנִי בְּכָל כְּבוֹדֶךָ, כִּי הִנְנִי עַבְדֶּךָ. קְרָא לְמִי בְּדַעְתּוֹ, קְנוֹת עֶבֶד אֵין כְּמוֹתוֹ. רָחַשׁ אֵיךְ יְשַׁנֶּה דִּינוֹ, עֶבֶד לִמְכֹּר אֶת אֲדוֹנוֹ. שָׁת לוֹ חָכְמָתוֹ בְּקִרְבּוֹ, וְהֶחֱזִיק בּוֹ כְּמוֹ רַבּוֹ. תַּגָּר קְנָאוֹ בַּאֲהָבִים, בִּשְׁמוֹנֶה מֵאוֹת אֶלֶף זְהוּבִים. תְּבָעוֹ מַה מְּלַאכְתֶּךָ, אִם בְּבִנְיָן חָכְמָתֶךָ. תַּכְלִית טְרַקְלִין וּפַלְטְרִין, הֲרֵי אַתָּה בֶּן חוֹרִין. יוֹם רִאשׁוֹן בְּמִפְעָלִים, פָּעַל עִם פּוֹעֲלִים. שִׁוַּע בַּחֲצִי הַלַּיְלָה, עֲנֵנִי נוֹרָא עֲלִילָה. יָזַמְתִּי וְנִמְכַּרְתִּי לְהַעֲבִידִי, לִכְבוֹדְךָ וְלֹא לִכְבוֹדִי. בּוֹרֵא עוֹלָם בְּקִנְיָן, הַשְׁלֵם זֶה הַבִּנְיָן. רַחֲמֶיךָ יִכְמְרוּ בַּחֲנִינָתִי, כִּי לְטוֹבָה כִּוַּנְתִּי. מַלְאֲכֵי רַחֲמִים מִמְּעוֹנָתוֹ, אָז הֵחֵלּוּ לִבְנוֹתוֹ. רַבּוּ בְּנֵי הַמְּלוּכָה, וַתִּשְׁלַם כָּל הַמְּלָאכָה. דָּץ הַסּוֹחֵר בִּרְאוֹתוֹ, כִּי נִגְמְרָה מְלַאכְתּוֹ. כְּלוּלַת מִגְדָּלִים נָאִים, לְפִי עִנְיַן הַבַּנָּאִים. יִזָּכֵר לְךָ עַתָּה, אֶתְמוֹל אֲשֶׁר דִּבַּרְתָּ. חָפְשֵׁנִי בְּוַדַּאי וּבְבֵרוּר, כַּנַּמְתָּ לְעִנְיַן שִׁחְרוּר. זֶה קִיְּמוֹ בֶּאֱמֶת, וּפָרַח לוֹ אִישׁ הָאֱמֶת.

אָמַר יהוה לְיַעֲקֹב The Lord said to Jacob,   "Do not be afraid, my servant Jacob."

The Lord chose Jacob,   "Do not be afraid, my servant Jacob."

The Lord redeemed Jacob,   "Do not be afraid, my servant Jacob."

A star is to come forth from Jacob,   "Do not be afraid, my servant Jacob."

In coming times he shall take root, Jacob,   "Do not be afraid, my servant Jacob."

A ruler shall rise up from Jacob,   "Do not be afraid, my servant Jacob."

Remember but this of Jacob,   "Do not be afraid, my servant Jacob."

The bliss of the salvation of Jacob,   "Do not be afraid, my servant Jacob."

Goodly are your tents, O Jacob,   "Do not be afraid, my servant Jacob."

They shall teach Your laws to Jacob,   "Do not be afraid, my servant Jacob."

There is no sorcery in Jacob,   "Do not be afraid, my servant Jacob."

He has seen no sin in Jacob,   "Do not be afraid, my servant Jacob."

Who can count the dust of Jacob?   "Do not be afraid, my servant Jacob."

The Lord swore an oath to Jacob,   "Do not be afraid, my servant Jacob."

Please, forgive the sins of Jacob,   "Do not be afraid, my servant Jacob."

Restore the fortunes, now, of Jacob,   "Do not be afraid, my servant Jacob."

The Lord has recalled Jacob,   "Do not be afraid, my servant Jacob."

He ordered the salvations of Jacob,   "Do not be afraid, my servant Jacob."

This voice, it is the voice of Jacob,   "Do not be afraid, my servant Jacob."

Sing out in the joy of Jacob,   "Do not be afraid, my servant Jacob."

Lord, restore the might of Jacob,   "Do not be afraid, my servant Jacob."

You shall grant truth to Jacob.   "Do not be afraid, my servant Jacob."

אָמַר יהוה לְיַעֲקֹב,	אַל תִּירָא עַבְדִּי יַעֲקֹב.	
בָּחַר יהוה בְּיַעֲקֹב,	אַל תִּירָא עַבְדִּי יַעֲקֹב.	
גָּאַל יהוה אֶת יַעֲקֹב,	אַל תִּירָא עַבְדִּי יַעֲקֹב.	
דָּרַךְ כּוֹכָב מִיַּעֲקֹב,	אַל תִּירָא עַבְדִּי יַעֲקֹב.	במדבר כד
הַבָּאִים יַשְׁרֵשׁ יַעֲקֹב,	אַל תִּירָא עַבְדִּי יַעֲקֹב.	ישעיה כז
וְיֵרְדְּ מִיַּעֲקֹב,	אַל תִּירָא עַבְדִּי יַעֲקֹב.	במדבר כד
זְכֹר זֹאת לְיַעֲקֹב,	אַל תִּירָא עַבְדִּי יַעֲקֹב.	
חֶדְוַת יְשׁוּעוֹת יַעֲקֹב,	אַל תִּירָא עַבְדִּי יַעֲקֹב.	
טֹבוּ אֹהָלֶיךָ יַעֲקֹב,	אַל תִּירָא עַבְדִּי יַעֲקֹב.	
יוֹרוּ מִשְׁפָּטֶיךָ לְיַעֲקֹב,	אַל תִּירָא עַבְדִּי יַעֲקֹב.	דברים לג
כִּי לֹא נַחַשׁ בְּיַעֲקֹב,	אַל תִּירָא עַבְדִּי יַעֲקֹב.	במדבר כג
לֹא הִבִּיט אָוֶן בְּיַעֲקֹב,	אַל תִּירָא עַבְדִּי יַעֲקֹב.	
מִי מָנָה עֲפַר יַעֲקֹב,	אַל תִּירָא עַבְדִּי יַעֲקֹב.	
נִשְׁבַּע יהוה לְיַעֲקֹב,	אַל תִּירָא עַבְדִּי יַעֲקֹב.	
סְלַח נָא לַעֲוֹן יַעֲקֹב,	אַל תִּירָא עַבְדִּי יַעֲקֹב.	
עַתָּה הָשֵׁב שְׁבוּת יַעֲקֹב,	אַל תִּירָא עַבְדִּי יַעֲקֹב.	
פָּדָה יהוה אֶת יַעֲקֹב,	אַל תִּירָא עַבְדִּי יַעֲקֹב.	
צַוֵּה יְשׁוּעוֹת יַעֲקֹב,	אַל תִּירָא עַבְדִּי יַעֲקֹב.	
קוֹל קוֹל יַעֲקֹב,	אַל תִּירָא עַבְדִּי יַעֲקֹב.	
רָנּוּ שִׂמְחָה לְיַעֲקֹב,	אַל תִּירָא עַבְדִּי יַעֲקֹב.	
שָׁב יהוה אֶת גְּאוֹן יַעֲקֹב,	אַל תִּירָא עַבְדִּי יַעֲקֹב.	
תִּתֵּן אֱמֶת לְיַעֲקֹב,	אַל תִּירָא עַבְדִּי יַעֲקֹב.	מיכה ז

אֵלִיָּהוּ הַנָּבִיא Elijah the Prophet,
Elijah the Tishbite, Elijah the Gileadite –
he will come to us quickly
with the Messiah, son of David.

The man who acted with zeal in God's name.
The man for whom Yekutiel [Moses] declared endless peace.
The man who stepped forward and atoned Israel's sin.   Elijah the Prophet…

The man whose eyes saw twelve generations.
The man who was recognized as the "hairy one."
The man whose loins were girded with leather.   Elijah the Prophet…

The man who raged against idol worshipers.
The man who swore that there would be no season's rain.
The man who stalled rain and dew for three whole years.   Elijah the Prophet…

The man who went out to find his soul a hiding place.
The man sustained by ravens, the man who would not be killed.
The man for whose sake jug and flour-basket were blessed.   Elijah the Prophet…

The man whose instruction was heard with yearning.
The man who was answered with fire from high heavens.
The man after whom they would say, "The Lord is God!"   Elijah the Prophet…

The man who will be sent from the highest heaven.
The man appointed over all good tidings.
The man trusted as mediator, to reconcile fathers with sons.   Elijah the Prophet…

The man who cried gloriously, "I have been zealous for the Lord!"
The man who rode horses of fire in the storm.
The man who never tasted death or burial.   Elijah the Prophet…

Man of Tishbe, save us from the lion's mouth.
Bring us tidings of good things to come.
Make us happy, all, fathers with sons,
at the ends of our Sabbaths.   Elijah the Prophet…

That man who is called "the Man of Tishbe,"
let us prevail in the Torah with his aid.
Let us hear good tidings soon, from his mouth.
Bring us out of darkness into light.   Elijah the Prophet…

Happy the one who saw his face in a dream.
Happy the one who has greeted or answered him, "Peace."
The Lord will bless His people with peace.   Elijah the Prophet…

As is written: "I shall send Elijah the Prophet to you before the coming of the great and
terrifying day of the Lord. And he shall reconcile fathers to sons and sons to fathers."

אֵלִיָּהוּ הַנָּבִיא

אֵלִיָּהוּ הַתִּשְׁבִּי, אֵלִיָּהוּ הַגִּלְעָדִי
בִּמְהֵרָה יָבוֹא אֵלֵינוּ עִם מָשִׁיחַ בֶּן דָּוִד.

אִישׁ אֲשֶׁר קִנֵּא לְשֵׁם הָאֵל
אִישׁ בֻּשַּׂר שָׁלוֹם עַל יַד יְקוּתִיאֵל
אִישׁ גָּשׁ וַיְכַפֵּר עַל בְּנֵי יִשְׂרָאֵל.
אֵלִיָּהוּ הַנָּבִיא...

אִישׁ דּוֹרוֹת שְׁנֵים עָשָׂר רָאוּ עֵינָיו
אִישׁ הַנִּקְרָא בַּעַל שֵׂעָר בְּסִמָּנָיו
אִישׁ וְאֵזוֹר עוֹר אָזוּר בְּמָתְנָיו.
אֵלִיָּהוּ הַנָּבִיא...

אִישׁ זָעַף עַל עוֹבְדֵי חַמָּנִים
אִישׁ חָשׁ וְנִשְׁבַּע מֵהְיוֹת גִּשְׁמֵי מְעוֹנִים
אִישׁ טַל וּמָטָר עָצַר שָׁלֹשׁ שָׁנִים.
אֵלִיָּהוּ הַנָּבִיא...

אִישׁ יָצָא לִמְצֹא לְנַפְשׁוֹ נַחַת
אִישׁ כִּלְכְּלוּהוּ הָעוֹרְבִים וְלֹא מֵת לַשַּׁחַת
אִישׁ לְמַעֲנוֹ נִתְבָּרְכוּ כַּד וְצַפַּחַת.
אֵלִיָּהוּ הַנָּבִיא...

אִישׁ מוּסָרָיו הִקְשִׁיבוּ כְמֵהִים
אִישׁ נַעֲנָה בָאֵשׁ מִשְּׁמֵי גְבוֹהִים
אִישׁ סָחוּ אַחֲרָיו יהוה הוּא הָאֱלֹהִים.
אֵלִיָּהוּ הַנָּבִיא...

אִישׁ עָתִיד לְהִשְׁתַּלֵּחַ מִשְּׁמֵי עֲרָבוֹת
אִישׁ פָּקִיד עַל כָּל בְּשׂוֹרוֹת טוֹבוֹת
אִישׁ צִיר נֶאֱמָן לְהָשִׁיב לֵב בָּנִים עַל אָבוֹת.
אֵלִיָּהוּ הַנָּבִיא...

אִישׁ קָרָא קַנֹּא קִנֵּאתִי לַיהוה בְּתִפְאָרָה מלכים א׳ יט
אִישׁ רָכַב עַל סוּסֵי אֵשׁ בִּסְעָרָה
אִישׁ שֶׁלֹּא טָעַם טַעַם מִיתָה וּקְבוּרָה.
אֵלִיָּהוּ הַנָּבִיא...

אִישׁ תִּשְׁבִּי תַּצִּילֵנוּ מִפִּי אֲרָיוֹת
תְּבַשְּׂרֵנוּ בְּשׂוֹרוֹת טוֹבוֹת
תְּשַׂמְּחֵנוּ בָּנִים עַל אָבוֹת
בְּמוֹצָאֵי שַׁבָּתוֹת.
אֵלִיָּהוּ הַנָּבִיא...

אִישׁ תִּשְׁבִּי עַל שְׁמוֹ נִקְרָא
תַּצְלִיחֵנוּ עַל יָדוֹ בַּתּוֹרָה
תַּשְׁמִיעֵנוּ מִפִּיו בְּשׂוֹרָה טוֹבָה בִּמְהֵרָה
תּוֹצִיאֵנוּ מֵאֲפֵלָה לְאוֹרָה.
אֵלִיָּהוּ הַנָּבִיא...

אַשְׁרֵי מִי שֶׁרָאָה פָנָיו בַּחֲלוֹם
אַשְׁרֵי מִי שֶׁנָּתַן לוֹ שָׁלוֹם וְהֶחֱזִיר לוֹ שָׁלוֹם מלכים א׳ יח
יהוה יְבָרֵךְ אֶת עַמּוֹ בַשָּׁלוֹם. תהלים כט
אֵלִיָּהוּ הַנָּבִיא...

כַּכָּתוּב: הִנֵּה אָנֹכִי שֹׁלֵחַ לָכֶם אֵת אֵלִיָּה הַנָּבִיא מלאכי ג
לִפְנֵי בּוֹא יוֹם יהוה הַגָּדוֹל וְהַנּוֹרָא:
וְהֵשִׁיב לֵב־אָבוֹת עַל־בָּנִים, וְלֵב בָּנִים עַל־אֲבוֹתָם:

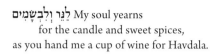

לַנֵּר וְלִבְשָׂמִים My soul yearns
　　for the candle and sweet spices,
as you hand me a cup of wine for Havdala.

Smooth out paths for me, clear the way for this bewildered
　　one.
Open up the gates for me, all angels of above.
　　　　My soul yearns…

I lift my eyes to God, my heart longing,
to the One who brings me all I need, by day and night.
　　　　My soul yearns…

All that I lack, bring me, from Your treasuries of good.
For Your kindness has no end, it has no close.
　　　　My soul yearns…

My vivacity, my sustenance, my goodness, be renewed.
Steer my sorrow away, steer me away from pain and
　　darkness.
　　　　My soul yearns…

For the working week comes back each week anew.
May peace and goodness too, come anew with it, always.
　　　　My soul yearns…

לַנֵּר וְלִבְשָׂמִים, נַפְשִׁי מְיַחֲלָה.
אִם תִּתְּנוּ לִי כּוֹס יַיִן לְהַבְדָּלָה.

סֹלּוּ דְּרָכִים לִי, פַּנּוּ לְנָבוֹכָה.
פִּתְחוּ שְׁעָרִים לִי, כָּל מַלְאֲכֵי מַעְלָה.
לַנֵּר וְלִבְשָׂמִים...

עֵינַי אֲנִי אֶשָּׂא, אֶל אֵל בְּלֵב כּוֹסֵף.
מַמְצִיא צְרָכַי לִי, בַּיּוֹם וּבַלַּיְלָה.
לַנֵּר וְלִבְשָׂמִים...

דֵּי מַחֲסוֹר תֵּן לִי, מֵאוֹצְרוֹת טוּבְךָ.
כִּי לַחֲסָדֶיךָ, אֵין קֵץ וְאֵין תִּכְלָה.
לַנֵּר וְלִבְשָׂמִים...

יִתְחַדְּשָׁה, גִּילִי, טַרְפִּי וְטוֹבָתִי
תָּסִיר יְגוֹנוֹתַי, מִכְּאֵב וּמֵאֲפֵלָה.
לַנֵּר וְלִבְשָׂמִים...

הִנֵּה יְמֵי מַעֲשֶׂה, מִתְחַדְּשִׁים תָּמִיד.
יִתְחַדְּשָׁה בָּהֶם, שָׁלוֹם וְטוֹב סֶלָה.
לַנֵּר וְלִבְשָׂמִים...

רִבּוֹן הָעוֹלָמִים Master of all worlds, Father of compassion and forgiveness, with a sign for good and under good fortune, open the six days of work which are coming toward us in peace, spared all sin and offense and clean of any iniquity and guilt and evil, and bound to the study of Your Torah and to good actions, and graciously grant us knowledge, understanding and discernment from You. And let us hear, in these [days], joy and happiness, and let no jealousy of us come into the minds of man, and let jealousy of no man come into our minds. Our King, our God, compassionate Father, place blessing and relief and success upon all the work of our hands. And should anybody form any good design or any good thought regarding Your people, the house of Israel – give him courage, bless him, make him great and sustain him. Build upon his counsel, as is said, "He will give you all your heart's desire, and make all your plans succeed." And it is said, "Proclaim a decision and it shall be fulfilled, and light shall shine upon your way." And should anybody form any design or any thought that is not good, regarding Your people, the house of Israel, let his design be foiled, as it is said, "The Lord foils the plans of nations; He frustrates the intentions of peoples." And it is said, "Design your design and it shall be foiled; speak your speech and it shall be not be fulfilled, for God is with us." And open for us, Lord our God, compassionate Father, Master of forgiveness, this week and every week – gates of light, gates of many days and years [of life], gates of tolerance, gates of blessing, gates of understanding, gates of joy, gates of greatness, gates of redemption, gates of might, gates of laughter and delight, gates of knowledge, gates of majesty and splendor, gates of success, gates of relief, gates of good counsel, gates of seniority, gates of zest, gates of song, gates of merit, gates of radiance, gates of the shining of the Torah, gates of the shining of wisdom, gates of the shining of understanding, gates of the shining of knowledge, gates of bliss, gates of mercy, gates of grace and kindness, gates of a good life, gates of wisdom, gates of goodness, gates of purity, gates of salvation, gates of honesty, gates of atonement, gates of sustenance, gates of honor, gates of learning, gates of nourishment, gates of rest, gates of pardon, gates of knowing, gates of consolation, gates of cleanliness, gates of forgiveness, gates of the help of heaven, gates of assistance, gates of deliverance, gates of good livelihood, gates of righteousness, gates of rejoicing, gates of holiness, gates of uprightness, gates of compassion, gates of good will, gates of complete healing, gates of peace, gates of happiness, gates of good tidings, gates of tranquility, gates of Torah, gates of prayer, gates of repentance, gates of salvation, as is said, "The salvation of the righteous comes of the Lord, their stronghold in a time of distress. And the Lord shall help them and take them away, take them away from the evil ones and save them, for they trust in Him." And it is said, "The Lord will lay bare His holy arm in the sight of all the nations, and all the ends of the earth will see the salvation of our God. And it is said, "The voice of your watchmen, they shall raise their voices, they shall rejoice together, for with their own eyes they shall witness the Lord's return to Zion." And fulfill for us, Lord our God, what is written: "How lovely over the mountains are the footsteps of the bringer of good tidings, calling out peace, telling of good things, calling out salvation, saying to Zion, your God has become King." "First messenger to Zion, here they are, and I shall send a bringer of good tidings to Jerusalem." Amen, Selah.

רִבּוֹן הָעוֹלָמִים, אַב הָרַחֲמִים וְהַסְּלִיחוֹת, בְּסִמָּן טוֹב וּבְמַזָּל טוֹב הָחֵל עָלֵינוּ אֶת
שֵׁשֶׁת יְמֵי הַמַּעֲשֶׂה הַבָּאִים לִקְרָאתֵנוּ לְשָׁלוֹם, חֲשׂוּכִים מִכָּל חֵטְא וָפֶשַׁע וּמְנֻקִּים
מִכָּל עָוֹן וְאַשְׁמָה וָרֶשַׁע, וּמְדֻבָּקִים בְּתַלְמוּד תּוֹרָה וּבְמַעֲשִׂים טוֹבִים, וְחָנֵּנוּ דֵּעָה
בִּינָה וְהַשְׂכֵּל מֵאִתְּךָ, וְתַשְׁמִיעֵנוּ בָּהֶם שָׂשׂוֹן וְשִׂמְחָה, וְלֹא תַעֲלֶה קִנְאָתֵנוּ עַל לֵב
אָדָם, וְלֹא קִנְאַת אָדָם תַּעֲלֶה עַל לִבֵּנוּ. מַלְכֵּנוּ אֱלֹהֵינוּ, הָאָב הָרַחֲמָן, שִׂים בְּרָכָה
וּרְוָחָה וְהַצְלָחָה בְּכָל מַעֲשֵׂה יָדֵינוּ. וְכָל הַיּוֹעֵץ עַל עַמְּךָ בֵּית יִשְׂרָאֵל עֵצָה טוֹבָה
וּמַחֲשָׁבָה טוֹבָה, אַמְּצוֹ, בָּרְכוֹ, גַּדְּלוֹ וְקַיְּמוֹ. קַיֵּם עֲצָתוֹ כַּדָּבָר שֶׁנֶּאֱמַר: יִתֶּן־לְךָ תהלים כ
כִלְבָבֶךָ, וְכָל־עֲצָתְךָ יְמַלֵּא: וְנֶאֱמַר: וְתִגְזַר־אֹמֶר וְיָקָם לָךְ, וְעַל־דְּרָכֶיךָ נָגַהּ אוֹר: וְכָל איוב כב
הַיּוֹעֵץ עָלֵינוּ וְעַל עַמְּךָ בֵּית יִשְׂרָאֵל עֵצָה שֶׁאֵינָהּ טוֹבָה, וּמַחֲשָׁבָה שֶׁאֵינָהּ טוֹבָה
תּוּפַר עֲצָתוֹ, כַּדָּבָר שֶׁנֶּאֱמַר: יהוה הֵפִיר עֲצַת־גּוֹיִם, הֵנִיא מַחְשְׁבוֹת עַמִּים: וְנֶאֱמַר: תהלים לג
עֻצוּ עֵצָה וְתֻפָר, דַּבְּרוּ דָבָר וְלֹא יָקוּם, כִּי עִמָּנוּ אֵל: וּפְתַח לָנוּ יהוה אֱלֹהֵינוּ, אַב ישעיה ח
הָרַחֲמִים אֲדוֹן הַסְּלִיחוֹת, בְּזֶה הַשָּׁבוּעַ וּבְכָל שָׁבוּעַ שַׁעֲרֵי אוֹרָה, שַׁעֲרֵי אֹרֶךְ יָמִים
וְשָׁנִים, שַׁעֲרֵי אֲרִיכַת אַפַּיִם, שַׁעֲרֵי בְרָכָה, שַׁעֲרֵי בִינָה, שַׁעֲרֵי גִילָה, שַׁעֲרֵי גְדֻלָּה,
שַׁעֲרֵי גְאֻלָּה, שַׁעֲרֵי גְבוּרָה, שַׁעֲרֵי דִיצָה, שַׁעֲרֵי דֵעָה, שַׁעֲרֵי הוֹד, שַׁעֲרֵי הָדָר, שַׁעֲרֵי
הַצְלָחָה, שַׁעֲרֵי הַרְוָחָה, שַׁעֲרֵי וַעַד טוֹב, שַׁעֲרֵי וָתִיקוּת, שַׁעֲרֵי זְרִיזוּת, שַׁעֲרֵי זִמְרָה,
שַׁעֲרֵי זְכִיּוֹת, שַׁעֲרֵי זִיו, שַׁעֲרֵי זֹהַר תּוֹרָה, שַׁעֲרֵי זֹהַר חָכְמָה, שַׁעֲרֵי זֹהַר בִּינָה, שַׁעֲרֵי
זֹהַר דַּעַת, שַׁעֲרֵי חֶדְוָה, שַׁעֲרֵי חֶמְלָה, שַׁעֲרֵי חֵן וָחֶסֶד, שַׁעֲרֵי חַיִּים טוֹבִים, שַׁעֲרֵי
חָכְמָה, שַׁעֲרֵי טוֹבָה, שַׁעֲרֵי טֹהַר, שַׁעֲרֵי יְשׁוּעָה, שַׁעֲרֵי יֹשֶׁר, שַׁעֲרֵי כַפָּרָה, שַׁעֲרֵי
כַלְכָּלָה, שַׁעֲרֵי כָבוֹד, שַׁעֲרֵי לִמּוּד, שַׁעֲרֵי מָזוֹן, שַׁעֲרֵי מְנוּחוֹת, שַׁעֲרֵי מְחִילוֹת,
שַׁעֲרֵי מַדָּע, שַׁעֲרֵי נֶחָמָה, שַׁעֲרֵי נְקִיּוּת, שַׁעֲרֵי סְלִיחָה, שַׁעֲרֵי סִיַּעְתָּא דִשְׁמַיָּא,
שַׁעֲרֵי עֶזְרָה, שַׁעֲרֵי פְדוּת, שַׁעֲרֵי פַרְנָסָה טוֹבָה, שַׁעֲרֵי צְדָקָה, שַׁעֲרֵי צָהֳלָה, שַׁעֲרֵי
קְדֻשָּׁה, שַׁעֲרֵי קוֹמְמִיּוּת, שַׁעֲרֵי רַחֲמִים, שַׁעֲרֵי רָצוֹן, שַׁעֲרֵי רְפוּאָה שְׁלֵמָה, שַׁעֲרֵי
שָׁלוֹם, שַׁעֲרֵי שִׂמְחָה, שַׁעֲרֵי שְׁמוּעוֹת טוֹבוֹת, שַׁעֲרֵי שַׁלְוָה, שַׁעֲרֵי תוֹרָה, שַׁעֲרֵי
תְּפִלָּה, שַׁעֲרֵי תְשׁוּבָה, שַׁעֲרֵי תְשׁוּעָה, כְּדִכְתִיב: וּתְשׁוּעַת צַדִּיקִים מֵיהוה, מָעוּזָּם תהלים לז
בְּעֵת צָרָה: וַיַּעְזְרֵם יהוה וַיְפַלְּטֵם, יְפַלְּטֵם מֵרְשָׁעִים וְיוֹשִׁיעֵם, כִּי־חָסוּ בוֹ: וְנֶאֱמַר:
חָשַׂף יהוה אֶת־זְרוֹעַ קָדְשׁוֹ לְעֵינֵי כָּל־הַגּוֹיִם, וְרָאוּ כָּל־אַפְסֵי־אָרֶץ אֵת יְשׁוּעַת ישעיה נב
אֱלֹהֵינוּ: וְנֶאֱמַר: קוֹל צֹפַיִךְ נָשְׂאוּ קוֹל יַחְדָּו יְרַנֵּנוּ, כִּי עַיִן בְּעַיִן יִרְאוּ בְּשׁוּב יהוה
צִיּוֹן: וְקַיֵּם לָנוּ יהוה אֱלֹהֵינוּ מִקְרָא שֶׁכָּתוּב: מַה־נָּאווּ עַל־הֶהָרִים רַגְלֵי מְבַשֵּׂר,
מַשְׁמִיעַ שָׁלוֹם מְבַשֵּׂר טוֹב, מַשְׁמִיעַ יְשׁוּעָה, אֹמֵר לְצִיּוֹן מָלַךְ אֱלֹהָיִךְ: רִאשׁוֹן לְצִיּוֹן
הִנֵּה הִנָּם, וְלִירוּשָׁלַםִ מְבַשֵּׂר אֶתֵּן: אָמֵן סֶלָה.

יִשְׂמַח לִבִּי My heart and all that is in me will rejoice; my blood and flesh will be happy.
And my state will be lifted and raised, as lion and lioness wake,
and the God of my father will bring me Elijah the Prophet.

My conscience will find consolation, and joy will nourish my bones.
And from Zion my comfort will come, as my dusk is turned over to dawn,
and the God of my father will bring me Elijah the Prophet.

And out of exile my freedom is called, and I come out of darkness to light,
    and from a land of obscurity to the Mountain of Myrrh,
from the deepest of pits to the highest hill; and the bringer of good tidings shall
    dispel all my sorrow,
and the God of my father will bring me Elijah the Prophet.

And my scattered children at the ends of the earth will be gathered together
    as flocks, and will sing out at the summits of mountains,
to bring in all those who were dispersed, back to the land of my fig tree and vine,
and the God of my father will bring me Elijah the Prophet.

And to wretched hearts – a spirit of life; and to faded flowers – rain of heaven.
And to souls despairing, light like noontide will rise up now from Judah and
    Jerusalem to bring joy to my children and elderly,
and the God of my father will bring me Elijah the Prophet.

The frail and oppressed will be filled with great strength, and the fallen Tent become
    a fortified wall.
And the broken spirit is wrapped around in joy, and it will be said to Israel,
    "Wake, wake up!"
And my heart will be restored, and flourish, and live,
and the God of my father will bring me Elijah the Prophet.

יִשְׂמַח לִבִּי וְקִרְבִּי וְיָגֵל דָּמִי וַחֲלָבִי
וְיָרוּם וְנִשָּׂא מַצָּבִי, לְעֵת יָקִיץ אַרְיֵה וְלָבִיא
וֵאלֹהֵי אָבִי לִי יָבִיא אֶת אֵלִיָּהוּ הַנָּבִיא – אֶת אֵלִיָּהוּ הַנָּבִיא.

וְנִחוּמִים יִמָּלְאוּ כִּלְיוֹתַי, וְשָׂשׂוֹן יְדַשֵּׁן עַצְמוֹתַי
וּמִצִּיּוֹן תְּבֹאנָה תַּנְחוּמוֹתַי כִּי יֶהְפַּךְ לְשַׁחַר עַרְבִּי
וֵאלֹהֵי אָבִי לִי יָבִיא אֶת אֵלִיָּהוּ הַנָּבִיא – אֶת אֵלִיָּהוּ הַנָּבִיא.

וּמִגָּלוּת לִי יִקְרָא דְּרוֹר, וּמִמַּחֲשָׁךְ אֵצֵא לָאוֹר, וּמֵאֶרֶץ מַאְפֵּלְיָה לְהַר הַמּוֹר
וְלִמְרוֹם הָרִים מִמַּעֲמַקֵּי בּוֹר, וּמְבַשֵּׂר טוֹב יָנִיס כָּל עֲצָבִי
וֵאלֹהֵי אָבִי לִי יָבִיא אֶת אֵלִיָּהוּ הַנָּבִיא – אֶת אֵלִיָּהוּ הַנָּבִיא.

וּבְנֵי הַנְּפוֹצִים מֵעֲבָרִים, יֵאָסְפוּ יַחַד לַעֲדָרִים, וְיָרֹנּוּ בְּרֹאשׁ הֶהָרִים
לְלַקֵּט כָּל הַנִּפְזָרִים אֶל אֶרֶץ תְּאֵנִי וַעֲנָבִי
וֵאלֹהֵי אָבִי לִי יָבִיא אֶת אֵלִיָּהוּ הַנָּבִיא – אֶת אֵלִיָּהוּ הַנָּבִיא.

וְלִלְבָבוֹת אֲמֻלוֹת רוּחַ חַיִּים, וְלִפְרָחִים קְמוּלִים טַל שָׁמַיִם
וְלִנְפָשׁוֹת נוֹאָשִׁים חֶלֶד מִצָּהֳרַיִם, עַתָּה יָקוּם מִיהוּדָה וִירוּשָׁלַיִם
לְשַׂמֵּחַ לְבַב נְעָרַי וְשָׂבִי. וֵאלֹהֵי אָבִי לִי יָבִיא אֶת אֵלִיָּהוּ הַנָּבִיא – אֶת אֵלִיָּהוּ הַנָּבִיא.

וְחַלָּשִׁים נִדְכָּאִים יִמָּלְאוּ גְבוּרָה, וְסֻכָּה נוֹפֶלֶת לְחוֹמָה בְצוּרָה
וַעֲלוּבַת נֶפֶשׁ בְּשִׂמְחָה אֲזוּרָה, וּלְיִשְׂרָאֵל יֵאָמֵר: עוּרָה עוּרָה.
וְיָשׁוּב וּפָרַח וָחַי לְבָבִי. וֵאלֹהֵי אָבִי לִי יָבִיא אֶת אֵלִיָּהוּ הַנָּבִיא – אֶת אֵלִיָּהוּ הַנָּבִיא.

לָעַד חַיָּה בִּלְבָבֵנוּ
הָאֱמוּנָה הַנֶּאֱמָנָה
לָשׁוּב לְאֶרֶץ קָדְשֵׁנוּ
עִיר בָּהּ דָּוִד חָנָה.
לָעַד חַיָּה בִּלְבָבֵנוּ, הָאֱמוּנָה הַנֶּאֱמָנָה
לָשׁוּב לְאֶרֶץ קָדְשֵׁנוּ, עִיר בָּהּ דָּוִד חָנָה.

לָעַד Always it lived on in our hearts,
this loyal faith
that we shall return to our Holy Land,
the city where David camped.

Always it lived on in our hearts, this loyal faith
that we shall return to our Holy Land,
the city where David camped.

שָׁמָּה נַעֲבֹד אֱלֹהֵינוּ
בְּחֶדְוָה בְּגִילָה וּבִרְנָנָה
שָׁמָּה נַעֲלֶה לִרְגָלֵינוּ
שָׁלֹשׁ פְּעָמִים בַּשָּׁנָה.
לָעַד חַיָּה בִּלְבָבֵנוּ, הָאֱמוּנָה הַנֶּאֱמָנָה
לָשׁוּב לְאֶרֶץ קָדְשֵׁנוּ, עִיר בָּהּ דָּוִד חָנָה.

There we shall serve our God
in happiness, in joy and in delight;
there we shall go up at feasts of pilgrimage,
three times a year.

Always it lived on in our hearts, this loyal faith
that we shall return to our Holy Land,
the city where David camped.

שָׁמָּה נַעֲמֹד לְגוֹרָלֵנוּ
אַב הֲמוֹן קָנָה
שָׁמָּה נִחְיֶה חַיֵּינוּ
חַיֵּי עֲדַת מִי מָנָה.
לָעַד חַיָּה בִּלְבָבֵנוּ, הָאֱמוּנָה הַנֶּאֱמָנָה
לָשׁוּב לְאֶרֶץ קָדְשֵׁנוּ, עִיר בָּהּ דָּוִד חָנָה.

There we shall stand up to meet our destiny,
that which the father of many received.
There we shall live out our lives,
the lives of the nation that cannot be counted.

Always it lived on in our hearts, this loyal faith
that we shall return to our Holy Land,
the city where David camped.

תּוֹרַת חַיִּים חֶמְדָּתֵנוּ
מִפִּי עֶלְיוֹן נִתָּנָה
נֶצַח הִיא נַחֲלָתֵנוּ
מִמִּדְבָּר מַתָּנָה.
לָעַד חַיָּה בִּלְבָבֵנוּ, הָאֱמוּנָה הַנֶּאֱמָנָה
לָשׁוּב לְאֶרֶץ קָדְשֵׁנוּ, עִיר בָּהּ דָּוִד חָנָה.

The Torah of life is our desire,
given at the mouth of the Most High.
That is our inheritance always –
a gift of the desert.

Always it lived on in our hearts, this loyal faith
that we shall return to our Holy Land,
the city where David camped.

סעודה וברכותיה

THE MEAL AND
ITS BLESSINGS

THE MEAL AND ITS BLESSINGS

On washing hands before eating bread:

Blessed are You, LORD our God, King of the Universe,
who has made us holy through His commandments,
and has commanded us about washing hands.

Before eating bread:

Blessed are You, LORD our God, King of the Universe,
who brings forth bread from the earth.

BIRKAT HAMAZON / GRACE AFTER MEALS

On days when Taḥanun is said:

עַל־נַהֲרוֹת By the rivers of Babylon we sat and wept as we remembered Zion. There on the willow trees we hung up our harps, for there our captors asked us for songs, our tormentors, for amusement, said: "Sing us one of the songs of Zion!" How can we sing the LORD's song on foreign soil? If I forget you, Jerusalem, may my right hand forget its skill. May my tongue cling to the roof of my mouth if I do not remember you, if I do not set Jerusalem above my highest joy. Remember, LORD, what the Edomites did on the day Jerusalem fell. They said, "Tear it down, tear it down to its very foundations!" Daughter of Babylon, doomed to destruction, happy is he who repays you for what you have done to us, who seizes your infants and dashes them against the rocks.

On days when Taḥanun is omitted (such as Shabbat and Yom Tov):

שִׁיר הַמַּעֲלוֹת A song of ascents. When the LORD brought back the exiles of Zion we were like people who dream. Then were our mouths filled with laughter, and our tongues with songs of joy. Then was it said among the nations, "The LORD has done great things for them." The LORD did do great things for us and we rejoiced. Bring back our exiles, LORD, like streams in a dry land. May those who sowed in tears, reap in joy. May one who goes out weeping, carrying a bag of seed, come back with songs of joy, carrying his sheaves.

Some say:

תְּהִלַּת My mouth shall speak the praise of God, and all creatures shall bless His holy name for ever and all time. We will bless God now and for ever. Halleluya! Thank the LORD for He is good; His loving-kindness is for ever. Who can tell of the LORD's mighty acts and make all His praise be heard?

Prayer before Mayim Aḥaronim:

I will wash my hands, into one vessel, against the Other Side, which has no real existence. I will join a *zimmun* of three, over a cup of blessing, to the Cause of all causes, "the Holy Ancient One."

סדר סעודה וברכותיה

On washing hands before eating bread:

בָּרוּךְ אַתָּה יהוה אֱלֹהֵֽינוּ מֶֽלֶךְ הָעוֹלָם
אֲשֶׁר קִדְּשָֽׁנוּ בְּמִצְוֹתָיו, וְצִוָּֽנוּ עַל נְטִילַת יָדָֽיִם.

Before eating bread:

בָּרוּךְ אַתָּה יהוה אֱלֹהֵֽינוּ מֶֽלֶךְ הָעוֹלָם, הַמּוֹצִיא לֶֽחֶם מִן הָאָֽרֶץ.

ברכת המזון

On days when תחנון is said:

תהלים קלז עַל־נַהֲרוֹת בָּבֶל, שָׁם יָשַֽׁבְנוּ גַּם־בָּכִֽינוּ, בְּזָכְרֵֽנוּ אֶת־צִיּוֹן: עַל־עֲרָבִים בְּתוֹכָהּ תָּלִֽינוּ כִּנֹּרוֹתֵֽינוּ: כִּי שָׁם שְׁאֵלֽוּנוּ שׁוֹבֵֽינוּ דִּבְרֵי־שִׁיר וְתוֹלָלֵֽינוּ שִׂמְחָה, שִֽׁירוּ לָֽנוּ מִשִּׁיר צִיּוֹן: אֵיךְ נָשִׁיר אֶת־שִׁיר־יהוה עַל אַדְמַת נֵכָר: אִם־אֶשְׁכָּחֵךְ יְרוּשָׁלָֽםִ, תִּשְׁכַּח יְמִינִי: תִּדְבַּק לְשׁוֹנִי לְחִכִּי אִם־לֹא אֶזְכְּרֵֽכִי, אִם־לֹא אַעֲלֶה אֶת־יְרוּשָׁלַֽםִ עַל רֹאשׁ שִׂמְחָתִי: זְכֹר יהוה לִבְנֵי אֱדוֹם אֵת יוֹם יְרוּשָׁלָֽםִ, הָאֹמְרִים עָֽרוּ עָֽרוּ עַד הַיְסוֹד בָּהּ: בַּת־בָּבֶל הַשְּׁדוּדָה, אַשְׁרֵי שֶׁיְשַׁלֶּם־לָךְ אֶת־גְּמוּלֵךְ שֶׁגָּמַלְתְּ לָֽנוּ: אַשְׁרֵי שֶׁיֹּאחֵז, וְנִפֵּץ אֶת־עֹלָלַֽיִךְ אֶל־הַסָּֽלַע:

On days when תחנון is omitted (such as שבת and יום טוב):

תהלים קכו **שִׁיר הַמַּעֲלוֹת, בְּשׁוּב יהוה אֶת־שִׁיבַת צִיּוֹן, הָיִֽינוּ כְּחֹלְמִים: אָז יִמָּלֵא שְׂחוֹק פִּֽינוּ וּלְשׁוֹנֵֽנוּ רִנָּה, אָז יֹאמְרוּ בַגּוֹיִם הִגְדִּיל יהוה לַעֲשׂוֹת עִם־אֵֽלֶּה: הִגְדִּיל יהוה לַעֲשׂוֹת עִמָּֽנוּ, הָיִֽינוּ שְׂמֵחִים: שׁוּבָה יהוה אֶת־שְׁבִיתֵֽנוּ, כַּאֲפִיקִים בַּנֶּֽגֶב: הַזֹּרְעִים בְּדִמְעָה בְּרִנָּה יִקְצֹֽרוּ: הָלוֹךְ יֵלֵךְ וּבָכֹה נֹשֵׂא מֶֽשֶׁךְ־הַזָּֽרַע, בֹּא־יָבֹא בְרִנָּה נֹשֵׂא אֲלֻמֹּתָיו:**

Some say:

תהלים קמה
תהלים קטו
תהלים קו
תְּהִלַּת יהוה יְדַבֶּר פִּי, וִיבָרֵךְ כָּל־בָּשָׂר שֵׁם קָדְשׁוֹ לְעוֹלָם וָעֶד: וַאֲנַֽחְנוּ נְבָרֵךְ יָהּ מֵעַתָּה וְעַד־עוֹלָם, הַלְלוּיָהּ: הוֹדוּ לַיהוה כִּי־טוֹב, כִּי לְעוֹלָם חַסְדּוֹ: מִי יְמַלֵּל גְּבוּרוֹת יהוה, יַשְׁמִֽיעַ כָּל־תְּהִלָּתוֹ:

Prayer before מים אחרונים:

יְדֵי אַסְחֵי אֲנָא לְגַבֵּי חַד מָנָא   לְסִטְרָא חוֹרָנָא דְּלֵית בֵּהּ מְשָׁשָׁא
אֲזַמֵּן בִּתְלָתָא בְּכָסָא דְבִרְכְתָא   לְעִלַּת עִלָּתָא עַתִּיקָא קַדִּישָׁא

ZIMMUN / INVITATION

For the zimmun said at a wedding or during the week of Sheva
Berakhot, see page 174. At a Brit, see page 178. When three or more men
say Birkat HaMazon together, the following zimmun is said.
When three or more women say Birkat HaMazon, substitute "Friends" for "Gentlemen."
The Leader should ask permission from those with precedence to lead the Birkat HaMazon.

Leader Gentlemen, let us say grace.

Others May the name of the LORD be blessed from now and for ever.

Leader May the name of the LORD be blessed from now and for ever.
With your permission, (my father and teacher / my mother and
teacher / the Kohanim present / our teacher the Rabbi / the master
of this house / the mistress of this house)
my masters and teachers,
let us bless (*in a minyan:* our God,)
the One from whose food we have eaten.

Others Blessed be (*in a minyan:* our God,) the One from whose food we have
eaten, and by whose goodness we live.

    People present who have not taken part in the meal say:
    *Blessed be (*in a minyan:* our God,) the One whose name is continually
    blessed for ever and all time.

Leader Blessed be (*in a minyan:* our God,) the One from whose food we have
eaten, and by whose goodness we live.
Blessed be He, and blessed be His name.

סדר הזימון

For the זימון *said at a wedding or during the week of*
שבע ברכות, *see page 175. At a* ברית, *see page 179.*
When three or more men say ברכת המזון *together, the following* זימון *is said.*
When three or more women say ברכת המזון, *substitute* חֲבֵרוֹתַי *for* רַבּוֹתַי.
The Leader should ask permission from those with precedence to lead the ברכת המזון.

Leader רַבּוֹתַי, נְבָרֵךְ.

תהלים קיג Others יְהִי שֵׁם יהוה מְבֹרָךְ מֵעַתָּה וְעַד־עוֹלָם:

Leader יְהִי שֵׁם יהוה מְבֹרָךְ מֵעַתָּה וְעַד־עוֹלָם:

בִּרְשׁוּת (אָבִי מוֹרִי / אִמִּי מוֹרָתִי / כֹּהֲנִים / מוֹרֵנוּ הָרַב /
בַּעַל הַבַּיִת הַזֶּה / בַּעֲלַת הַבַּיִת הַזֶּה)

מָרָנָן וְרַבָּנָן וְרַבּוֹתַי

נְבָרֵךְ (במנין: אֱלֹהֵינוּ) שֶׁאָכַלְנוּ מִשֶּׁלּוֹ.

Others בָּרוּךְ (במנין: אֱלֹהֵינוּ) שֶׁאָכַלְנוּ מִשֶּׁלּוֹ וּבְטוּבוֹ חָיִינוּ.

People present who have not taken part in the meal say:

*בָּרוּךְ (במנין: אֱלֹהֵינוּ) וּמְבֹרָךְ שְׁמוֹ תָּמִיד לְעוֹלָם וָעֶד.

Leader בָּרוּךְ (במנין: אֱלֹהֵינוּ) שֶׁאָכַלְנוּ מִשֶּׁלּוֹ וּבְטוּבוֹ חָיִינוּ.
בָּרוּךְ הוּא וּבָרוּךְ שְׁמוֹ.

ברכת הזן

בָּרוּךְ אַתָּה יהוה אֱלֹהֵינוּ מֶלֶךְ הָעוֹלָם
הַזָּן אֶת הָעוֹלָם כֻּלּוֹ בְּטוּבוֹ
בְּחֵן בְּחֶסֶד וּבְרַחֲמִים
הוּא נוֹתֵן לֶחֶם לְכָל בָּשָׂר כִּי לְעוֹלָם חַסְדּוֹ.
וּבְטוּבוֹ הַגָּדוֹל, תָּמִיד לֹא חָסַר לָנוּ
וְאַל יֶחְסַר לָנוּ מָזוֹן לְעוֹלָם וָעֶד
בַּעֲבוּר שְׁמוֹ הַגָּדוֹל.
כִּי הוּא אֵל זָן וּמְפַרְנֵס לַכֹּל וּמֵטִיב לַכֹּל
וּמֵכִין מָזוֹן לְכָל בְּרִיּוֹתָיו אֲשֶׁר בָּרָא.
בָּרוּךְ אַתָּה יהוה, הַזָּן אֶת הַכֹּל.

BLESSING OF NOURISHMENT

בָּרוּךְ Blessed are You, LORD our God, King of the Universe,
who in His goodness feeds the whole world
with grace, kindness and compassion.
He gives food to all living things,
for His kindness is for ever.
Because of His continual great goodness,
we have never lacked food,
nor may we ever lack it, for the sake of His great name.
For He is God who feeds and sustains all,
does good to all,
and prepares food for all creatures He has created.
Blessed are You, LORD, who feeds all.

BLESSING OF LAND

נוֹדֶה We thank You, LORD our God,
for having granted as a heritage to our ancestors
a desirable, good and spacious land;
for bringing us out, LORD our God, from the land of Egypt,
freeing us from the house of slavery;
for Your covenant which You sealed in our flesh;
for Your Torah which You taught us;
for Your laws which You made known to us;
for the life, grace and kindness You have bestowed on us;
and for the food by which You continually feed and sustain us,
every day, every season, every hour.

On Ḥanukka:

עַל הַנִּסִּים [We thank You also] for the miracles, the redemption, the mighty deeds, the salvations, and the victories in battle which You performed for our ancestors in those days, at this time.

בִּימֵי מַתִּתְיָהוּ In the days of Mattityahu, son of Yoḥanan, the High Priest, the Hasmonean, and his sons, the wicked Greek kingdom rose up against Your people Israel to make them forget Your Torah and to force them to transgress the statutes of Your will. It was then that You in Your great compassion stood by them in the time of their distress. You championed their cause, judged their claim, and avenged their wrong. You delivered the strong into the hands of the weak, the many into the hands of the few, the impure into the hands of the pure, the wicked into the hands of the righteous, and the arrogant into the hands of those who were engaged in the study of Your Torah. You made for Yourself great and holy renown in Your world, and for Your people Israel You performed a great salvation and redemption as of this very day. Your children then entered the holiest part of Your House, cleansed Your Temple, purified Your Sanctuary, kindled lights in Your holy courts, and designated these eight days of Ḥanukka for giving thanks and praise to Your great name.

Continue with "For all this" on the next page.

On Purim:

עַל הַנִּסִּים [We thank You also] for the miracles, the redemption, the mighty deeds, the salvations, and the victories in battle which You performed for our ancestors in those days, at this time.

בִּימֵי מָרְדְּכַי In the days of Mordekhai and Esther, in Shushan the capital, the wicked Haman rose up against them and sought to destroy, slay and exterminate all the Jews, young and old, children and women, on one day, the thirteenth day of the twelfth month, which is the month of Adar, and to plunder their possessions. Then You in Your great compassion thwarted his counsel, frustrated his plans, and caused his scheme to recoil on his own head, so that they hanged him and his sons on the gallows.

Continue with "For all this" on the next page.

ברכת הארץ

נוֹדֶה לְּךָ, יהוה אֱלֹהֵינוּ
עַל שֶׁהִנְחַלְתָּ לַאֲבוֹתֵינוּ אֶרֶץ חֶמְדָּה טוֹבָה וּרְחָבָה
וְעַל שֶׁהוֹצֵאתָנוּ יהוה אֱלֹהֵינוּ מֵאֶרֶץ מִצְרַיִם
וּפְדִיתָנוּ מִבֵּית עֲבָדִים
וְעַל בְּרִיתְךָ שֶׁחָתַמְתָּ בִּבְשָׂרֵנוּ וְעַל תּוֹרָתְךָ שֶׁלִּמַּדְתָּנוּ
וְעַל חֻקֶּיךָ שֶׁהוֹדַעְתָּנוּ
וְעַל חַיִּים חֵן וָחֶסֶד שֶׁחוֹנַנְתָּנוּ
וְעַל אֲכִילַת מָזוֹן שָׁאַתָּה זָן וּמְפַרְנֵס אוֹתָנוּ תָּמִיד
בְּכָל יוֹם וּבְכָל עֵת וּבְכָל שָׁעָה.

בחנוכה:

עַל הַנִּסִּים וְעַל הַפֻּרְקָן וְעַל הַגְּבוּרוֹת וְעַל הַתְּשׁוּעוֹת וְעַל הַמִּלְחָמוֹת שֶׁעָשִׂיתָ לַאֲבוֹתֵינוּ בַּיָּמִים הָהֵם בַּזְּמַן הַזֶּה.

בִּימֵי מַתִּתְיָהוּ בֶּן יוֹחָנָן כֹּהֵן גָּדוֹל חַשְׁמוֹנַאי וּבָנָיו, כְּשֶׁעָמְדָה מַלְכוּת יָוָן הָרְשָׁעָה עַל עַמְּךָ יִשְׂרָאֵל לְהַשְׁכִּיחָם תּוֹרָתֶךָ וּלְהַעֲבִירָם מֵחֻקֵּי רְצוֹנֶךָ, וְאַתָּה בְּרַחֲמֶיךָ הָרַבִּים עָמַדְתָּ לָהֶם בְּעֵת צָרָתָם, רַבְתָּ אֶת רִיבָם, דַּנְתָּ אֶת דִּינָם, נָקַמְתָּ אֶת נִקְמָתָם, מָסַרְתָּ גִבּוֹרִים בְּיַד חַלָּשִׁים, וְרַבִּים בְּיַד מְעַטִּים, וּטְמֵאִים בְּיַד טְהוֹרִים, וּרְשָׁעִים בְּיַד צַדִּיקִים, וְזֵדִים בְּיַד עוֹסְקֵי תוֹרָתֶךָ, וּלְךָ עָשִׂיתָ שֵׁם גָּדוֹל וְקָדוֹשׁ בְּעוֹלָמֶךָ, וּלְעַמְּךָ יִשְׂרָאֵל עָשִׂיתָ תְּשׁוּעָה גְדוֹלָה וּפֻרְקָן כְּהַיּוֹם הַזֶּה. וְאַחַר כֵּן בָּאוּ בָנֶיךָ לִדְבִיר בֵּיתֶךָ, וּפִנּוּ אֶת הֵיכָלֶךָ, וְטִהֲרוּ אֶת מִקְדָּשֶׁךָ, וְהִדְלִיקוּ נֵרוֹת בְּחַצְרוֹת קָדְשֶׁךָ, וְקָבְעוּ שְׁמוֹנַת יְמֵי חֲנֻכָּה אֵלּוּ, לְהוֹדוֹת וּלְהַלֵּל לְשִׁמְךָ הַגָּדוֹל.

Continue with וְעַל הַכֹּל *on the next page.*

בפורים:

עַל הַנִּסִּים וְעַל הַפֻּרְקָן וְעַל הַגְּבוּרוֹת וְעַל הַתְּשׁוּעוֹת וְעַל הַמִּלְחָמוֹת שֶׁעָשִׂיתָ לַאֲבוֹתֵינוּ בַּיָּמִים הָהֵם בַּזְּמַן הַזֶּה.

אסתר ג בִּימֵי מָרְדְּכַי וְאֶסְתֵּר בְּשׁוּשַׁן הַבִּירָה, כְּשֶׁעָמַד עֲלֵיהֶם הָמָן הָרָשָׁע, בִּקֵּשׁ לְהַשְׁמִיד לַהֲרֹג וּלְאַבֵּד אֶת־כָּל־הַיְּהוּדִים מִנַּעַר וְעַד־זָקֵן טַף וְנָשִׁים בְּיוֹם אֶחָד, בִּשְׁלוֹשָׁה עָשָׂר לְחֹדֶשׁ שְׁנֵים־עָשָׂר, הוּא־חֹדֶשׁ אֲדָר, וּשְׁלָלָם לָבוֹז: וְאַתָּה בְּרַחֲמֶיךָ הָרַבִּים הֵפַרְתָּ אֶת עֲצָתוֹ, וְקִלְקַלְתָּ אֶת מַחֲשַׁבְתּוֹ, וַהֲשֵׁבוֹתָ לּוֹ גְּמוּלוֹ בְּרֹאשׁוֹ, וְתָלוּ אוֹתוֹ וְאֶת בָּנָיו עַל הָעֵץ.

Continue with וְעַל הַכֹּל *on the next page.*

וְעַל הַכֹּל For all this, LORD our God, we thank and bless You.
May Your name be blessed continually
by the mouth of all that lives, for ever and all time –
for so it is written: "You will eat and be satisfied, then you shall bless
the LORD your God for the good land He has given you."
Blessed are You, LORD, for the land and for the food.

BLESSING FOR JERUSALEM

רַחֵם נָא Have compassion, please,
LORD our God,
on Israel Your people,
on Jerusalem Your city,
on Zion the dwelling place of Your glory,
on the royal house of David Your anointed,
and on the great and holy House that bears Your name.
Our God, our Father,
tend us, feed us,
sustain us and support us,
relieve us and send us relief,
LORD our God,
swiftly from all our troubles.
Please, LORD our God,
do not make us dependent
on the gifts or loans of other people,
but only on Your full, open, holy and generous hand
so that we may suffer neither shame nor humiliation
for ever and all time.

וְעַל הַכֹּל, יהוה אֱלֹהֵינוּ
אֲנַחְנוּ מוֹדִים לָךְ וּמְבָרְכִים אוֹתָךְ
יִתְבָּרַךְ שִׁמְךָ בְּפִי כָּל חַי תָּמִיד לְעוֹלָם וָעֶד
כַּכָּתוּב: וְאָכַלְתָּ וְשָׂבָעְתָּ, וּבֵרַכְתָּ אֶת־יהוה אֱלֹהֶיךָ דברים ח
עַל־הָאָרֶץ הַטֹּבָה אֲשֶׁר נָתַן־לָךְ:
בָּרוּךְ אַתָּה יהוה, עַל הָאָרֶץ וְעַל הַמָּזוֹן.

ברכת ירושלים

רַחֵם נָא, יהוה אֱלֹהֵינוּ
עַל יִשְׂרָאֵל עַמֶּךָ
וְעַל יְרוּשָׁלַיִם עִירֶךָ וְעַל צִיּוֹן מִשְׁכַּן כְּבוֹדֶךָ
וְעַל מַלְכוּת בֵּית דָּוִד מְשִׁיחֶךָ
וְעַל הַבַּיִת הַגָּדוֹל וְהַקָּדוֹשׁ שֶׁנִּקְרָא שִׁמְךָ עָלָיו.
אֱלֹהֵינוּ, אָבִינוּ
רְעֵנוּ, זוּנֵנוּ, פַּרְנְסֵנוּ וְכַלְכְּלֵנוּ
וְהַרְוִיחֵנוּ, וְהַרְוַח לָנוּ יהוה אֱלֹהֵינוּ מְהֵרָה מִכָּל צָרוֹתֵינוּ.
וְנָא אַל תַּצְרִיכֵנוּ, יהוה אֱלֹהֵינוּ לֹא לִידֵי מַתְּנַת בָּשָׂר וָדָם
וְלֹא לִידֵי הַלְוָאָתָם
כִּי אִם לְיָדְךָ הַמְּלֵאָה, הַפְּתוּחָה, הַקְּדוֹשָׁה וְהָרְחָבָה
שֶׁלֹּא נֵבוֹשׁ וְלֹא נִכָּלֵם לְעוֹלָם וָעֶד.

On שבת*, say:*

רְצֵה וְהַחֲלִיצֵנוּ, יהוה אֱלֹהֵינוּ, בְּמִצְוֹתֶיךָ
וּבְמִצְוַת יוֹם הַשְּׁבִיעִי הַשַּׁבָּת הַגָּדוֹל וְהַקָּדוֹשׁ הַזֶּה
כִּי יוֹם זֶה גָּדוֹל וְקָדוֹשׁ הוּא לְפָנֶיךָ
לִשְׁבָּת בּוֹ, וְלָנְוּחַ בּוֹ בְּאַהֲבָה כְּמִצְוַת רְצוֹנֶךָ
וּבִרְצוֹנְךָ הָנִיחַ לָנוּ, יהוה אֱלֹהֵינוּ
שֶׁלֹּא תְהֵא צָרָה וְיָגוֹן וַאֲנָחָה בְּיוֹם מְנוּחָתֵנוּ
וְהַרְאֵנוּ, יהוה אֱלֹהֵינוּ, בְּנֶחָמַת צִיּוֹן עִירֶךָ
וּבְבִנְיַן יְרוּשָׁלַיִם עִיר קָדְשֶׁךָ
כִּי אַתָּה הוּא בַּעַל הַיְשׁוּעוֹת וּבַעַל הַנֶּחָמוֹת.

On Shabbat, say:

רְצֵה Favor and strengthen us, LORD our God,
through Your commandments,
especially through the commandment of the seventh day,
this great and holy Sabbath.
For it is, for You, a great and holy day.
On it we cease work and rest in love
in accord with Your will's commandment.
May it be Your will, LORD our God,
to grant us rest without distress,
grief, or lament on our day of rest.
May You show us the consolation of Zion Your city,
and the rebuilding of Jerusalem Your holy city,
for You are the Master of salvation and consolation.

On Rosh Ḥodesh and Festivals, say:

אֱלֹהֵינוּ Our God and God of our ancestors,
may there rise, come, reach, appear, be favored, heard, regarded
and remembered before You, our recollection and remembrance,
as well as the remembrance of our ancestors,
and of the Messiah son of David Your servant,
and of Jerusalem Your holy city,
and of all Your people the house of Israel –
for deliverance and well-being, grace, loving-kindness and compassion,
life and peace, on this day of:

On Rosh Ḥodesh:	Rosh Ḥodesh.
On Rosh HaShana:	Remembrance.
On Pesaḥ:	the Festival of Matzot.
On Shavuot:	the Festival of Shavuot.
On Sukkot:	the Festival of Sukkot.
On Shemini Atzeret & Simḥat Torah:	the Festival of Shemini Atzeret.

On it remember us, LORD our God, for good;
recollect us for blessing,
and deliver us for life.
In accord with Your promise of salvation and compassion,
spare us and be gracious to us;
have compassion on us and deliver us,
for our eyes are turned to You because You are God,
gracious and compassionate (*on Rosh HaShana:* King).

On ראש חודש *and* חגים*, say:*

אֱלֹהֵינוּ וֵאלֹהֵי אֲבוֹתֵינוּ
יַעֲלֶה וְיָבוֹא וְיַגִּיעַ, וְיֵרָאֶה וְיֵרָצֶה וְיִשָּׁמַע, וְיִפָּקֵד
וְיִזָּכֵר זִכְרוֹנֵנוּ וּפִקְדוֹנֵנוּ, וְזִכְרוֹן אֲבוֹתֵינוּ
וְזִכְרוֹן מָשִׁיחַ בֶּן דָּוִד עַבְדֶּךָ
וְזִכְרוֹן יְרוּשָׁלַיִם עִיר קָדְשֶׁךָ
וְזִכְרוֹן כָּל עַמְּךָ בֵּית יִשְׂרָאֵל
לְפָנֶיךָ, לִפְלֵיטָה לְטוֹבָה, לְחֵן וּלְחֶסֶד וּלְרַחֲמִים
לְחַיִּים וּלְשָׁלוֹם בְּיוֹם

בראש חודש: רֹאשׁ הַחֹדֶשׁ הַזֶּה.
בראש השנה: הַזִּכָּרוֹן הַזֶּה.
בפסח: חַג הַמַּצּוֹת הַזֶּה.
בשבועות: חַג הַשָּׁבוּעוֹת הַזֶּה.
בסוכות: חַג הַסֻּכּוֹת הַזֶּה.
בשמיני עצרת ושמחת תורה: הַשְּׁמִינִי חַג הָעֲצֶרֶת הַזֶּה.

זָכְרֵנוּ יהוה אֱלֹהֵינוּ בּוֹ לְטוֹבָה וּפָקְדֵנוּ בוֹ לִבְרָכָה
וְהוֹשִׁיעֵנוּ בוֹ לְחַיִּים.
וּבִדְבַר יְשׁוּעָה וְרַחֲמִים, חוּס וְחָנֵּנוּ וְרַחֵם עָלֵינוּ, וְהוֹשִׁיעֵנוּ
כִּי אֵלֶיךָ עֵינֵינוּ, כִּי אֵל (בראש השנה: מֶלֶךְ) חַנּוּן וְרַחוּם אָתָּה.

וּבְנֵה And may Jerusalem the holy city be rebuilt soon, in our time.
Blessed are You, LORD, who in His compassion
will rebuild Jerusalem. Amen.

BLESSING OF GOD'S GOODNESS

בָּרוּךְ Blessed are You, LORD our God, King of the Universe –
God our Father, our King, our Sovereign,
our Creator, our Redeemer, our Maker,
our Holy One, the Holy One of Jacob.
He is our Shepherd, Israel's Shepherd,
the good King who does good to all.
Every day He has done, is doing, and will do good to us.
He has acted, is acting, and will always act kindly toward us for ever,
granting us grace, kindness and compassion, relief and rescue,
prosperity, blessing, redemption and comfort,
sustenance and support, compassion, life, peace and all good things,
and of all good things may He never let us lack.

ADDITIONAL REQUESTS

הָרַחֲמָן May the Compassionate One reign over us
for ever and all time.
May the Compassionate One be blessed
in heaven and on earth.
May the Compassionate One be praised from generation to generation,
be glorified by us to all eternity,
and honored among us for ever and all time.
May the Compassionate One
grant us an honorable livelihood.
May the Compassionate One break the yoke from our neck
and lead us upright to our land.

וּבְנֵה יְרוּשָׁלַיִם עִיר הַקֹּדֶשׁ בִּמְהֵרָה בְיָמֵינוּ.
בָּרוּךְ אַתָּה יהוה, בּוֹנֶה בְרַחֲמָיו יְרוּשָׁלָיִם, אָמֵן.

ברכת הטוב והמטיב

בָּרוּךְ אַתָּה יהוה אֱלֹהֵינוּ מֶלֶךְ הָעוֹלָם
הָאֵל אָבִינוּ, מַלְכֵּנוּ, אַדִּירֵנוּ
בּוֹרְאֵנוּ, גּוֹאֲלֵנוּ, יוֹצְרֵנוּ, קְדוֹשֵׁנוּ, קְדוֹשׁ יַעֲקֹב
רוֹעֵנוּ, רוֹעֵה יִשְׂרָאֵל
הַמֶּלֶךְ הַטּוֹב וְהַמֵּיטִיב לַכֹּל
שֶׁבְּכָל יוֹם וָיוֹם
הוּא הֵיטִיב, הוּא מֵיטִיב, הוּא יֵיטִיב לָנוּ
הוּא גְמָלָנוּ, הוּא גוֹמְלֵנוּ, הוּא יִגְמְלֵנוּ לָעַד
לְחֵן וּלְחֶסֶד וּלְרַחֲמִים, וּלְרֶוַח, הַצָּלָה וְהַצְלָחָה
בְּרָכָה וִישׁוּעָה, נֶחָמָה, פַּרְנָסָה וְכַלְכָּלָה
וְרַחֲמִים וְחַיִּים וְשָׁלוֹם
וְכָל טוֹב, וּמִכָּל טוּב לְעוֹלָם אַל יְחַסְּרֵנוּ.

בקשות נוספות

הָרַחֲמָן הוּא יִמְלֹךְ עָלֵינוּ לְעוֹלָם וָעֶד.
הָרַחֲמָן הוּא יִתְבָּרַךְ בַּשָּׁמַיִם וּבָאָרֶץ.
הָרַחֲמָן הוּא יִשְׁתַּבַּח לְדוֹר דּוֹרִים
וְיִתְפָּאַר בָּנוּ לָעַד וּלְנֵצַח נְצָחִים
וְיִתְהַדַּר בָּנוּ לָעַד וּלְעוֹלְמֵי עוֹלָמִים.
הָרַחֲמָן הוּא יְפַרְנְסֵנוּ בְּכָבוֹד.
הָרַחֲמָן הוּא יִשְׁבֹּר עֻלֵּנוּ מֵעַל צַוָּארֵנוּ
וְהוּא יוֹלִיכֵנוּ קוֹמְמִיּוּת לְאַרְצֵנוּ.

הָרַחֲמָן הוּא יִשְׁלַח לָנוּ בְּרָכָה מְרֻבָּה בַּבַּיִת הַזֶּה
וְעַל שֻׁלְחָן זֶה שֶׁאָכַלְנוּ עָלָיו.
הָרַחֲמָן הוּא יִשְׁלַח לָנוּ אֶת אֵלִיָּהוּ הַנָּבִיא זָכוּר לַטּוֹב
וִיבַשֶּׂר לָנוּ בְּשׂוֹרוֹת טוֹבוֹת יְשׁוּעוֹת וְנֶחָמוֹת.
הָרַחֲמָן הוּא יְבָרֵךְ אֶת מְדִינַת יִשְׂרָאֵל, רֵאשִׁית צְמִיחַת גְּאֻלָּתֵנוּ.
הָרַחֲמָן הוּא יְבָרֵךְ אֶת חַיָּלֵי צְבָא הַהֲגָנָה לְיִשְׂרָאֵל
הָעוֹמְדִים עַל מִשְׁמַר אַרְצֵנוּ.

A guest says:

יְהִי רָצוֹן שֶׁלֹּא יֵבוֹשׁ בַּעַל הַבַּיִת בָּעוֹלָם הַזֶּה, וְלֹא יִכָּלֵם לָעוֹלָם הַבָּא, וְיִצְלַח
מְאֹד בְּכָל נְכָסָיו, וְיִהְיוּ נְכָסָיו וּנְכָסֵינוּ מֻצְלָחִים וּקְרוֹבִים לָעִיר, וְאַל יִשְׁלֹט
שָׂטָן לֹא בְּמַעֲשֵׂה יָדָיו וְלֹא בְּמַעֲשֵׂה יָדֵינוּ. וְאַל יִזְדַּקֵּר לֹא לְפָנָיו וְלֹא לְפָנֵינוּ
שׁוּם דְּבַר הִרְהוּר חֵטְא, עֲבֵרָה וְעָוֹן, מֵעַתָּה וְעַד עוֹלָם.

May the Compassionate One send us many blessings to this house
    and this table at which we have eaten.
May the Compassionate One send us Elijah the prophet –
    may he be remembered for good –
    to bring us good tidings of salvation and consolation.
May the Compassionate One bless the State of Israel,
    first flowering of our redemption.
May the Compassionate One bless
    the members of Israel's Defense Forces,
    who stand guard over our land.

A guest says:

יְהִי רָצוֹן May it be Your will that the master of this house shall not suffer shame in this world, nor humiliation in the World to Come. May all he owns prosper greatly, and may his and our possessions be successful and close to hand. Let not the Accuser hold sway over his deeds or ours, and may no thought of sin, iniquity or transgression enter him or us from now and for evermore.

הָרַחֲמָן May the Compassionate One bless –

When eating at one's own table, say (include the words in parentheses that apply):
me, (my wife/husband / my father, my teacher / my mother,
my teacher / my children) and all that is mine,

A guest at someone else's table says (include the words in parentheses that apply):
the master of this house, him (and his wife,
the mistress of this house / and his children) and all that is his,

Children at their parents' table say (include the words in parentheses that apply):
my father, my teacher, (master of this house,) and my mother, my
teacher, (mistress of this house,) them, their household, their chil-
dren, and all that is theirs.

For all other guests, add:
and all the diners here,

together with us and all that is ours.
Just as our forefathers
Abraham, Isaac and Jacob were blessed in all, from all, with all,
so may He bless all of us together with a complete blessing,
and let us say: Amen.

בַּמָּרוֹם On high, may grace be invoked for them and for us,
as a safeguard of peace.
May we receive a blessing from the LORD
and a just reward from the God of our salvation,
and may we find grace and good favor in the eyes of God and man.

At a circumcision feast add here "May the Compassionate One bless the father" on page 182.

On Shabbat: May the Compassionate One let us inherit
the time, that will be entirely Shabbat
and rest for life everlasting.

On Rosh Ḥodesh: May the Compassionate One renew this month for us,
for good and blessing.

On Rosh HaShana: May the Compassionate One renew for us this year,
for good and blessing.

הָרַחֲמָן הוּא יְבָרֵךְ

When eating at one's own table, say (include the words in parentheses that apply):

אוֹתִי (וְאֶת אִשְׁתִּי / וְאֶת בַּעְלִי / וְאֶת אָבִי מוֹרִי / וְאֶת אִמִּי מוֹרָתִי /
וְאֶת זַרְעִי) וְאֶת כָּל אֲשֶׁר לִי.

A guest at someone else's table says (include the words in parentheses that apply):

אֶת בַּעַל הַבַּיִת הַזֶּה, אוֹתוֹ (וְאֶת אִשְׁתּוֹ בַּעֲלַת הַבַּיִת הַזֶּה / וְאֶת
זַרְעוֹ) וְאֶת כָּל אֲשֶׁר לוֹ.

Children at their parents' table say (include the words in parentheses that apply):

אֶת אָבִי מוֹרִי (בַּעַל הַבַּיִת הַזֶּה) וְאֶת אִמִּי מוֹרָתִי (בַּעֲלַת הַבַּיִת הַזֶּה)
אוֹתָם וְאֶת בֵּיתָם וְאֶת זַרְעָם וְאֶת כָּל אֲשֶׁר לָהֶם.

For all other guests, add:

וְאֶת כָּל הַמְסֻבִּין כָּאן

אוֹתָנוּ וְאֶת כָּל אֲשֶׁר לָנוּ
כְּמוֹ שֶׁנִּתְבָּרְכוּ אֲבוֹתֵינוּ
אַבְרָהָם יִצְחָק וְיַעֲקֹב, בַּכֹּל, מִכֹּל, כֹּל
כֵּן יְבָרֵךְ אוֹתָנוּ כֻּלָּנוּ יַחַד בִּבְרָכָה שְׁלֵמָה, וְנֹאמַר אָמֵן.

בַּמָּרוֹם יְלַמְּדוּ עֲלֵיהֶם וְעָלֵינוּ זְכוּת שֶׁתְּהֵא לְמִשְׁמֶרֶת שָׁלוֹם
וְנִשָּׂא בְרָכָה מֵאֵת יהוה וּצְדָקָה מֵאֱלֹהֵי יִשְׁעֵנוּ
וְנִמְצָא חֵן וְשֵׂכֶל טוֹב בְּעֵינֵי אֱלֹהִים וְאָדָם.

At a meal after a ברית *add here* הָרַחֲמָן הוּא יְבָרֵךְ אֲבִי הַיֶּלֶד *on page 183.*

בשבת: הָרַחֲמָן הוּא יַנְחִילֵנוּ
יוֹם שֶׁכֻּלּוֹ שַׁבָּת וּמְנוּחָה לְחַיֵּי הָעוֹלָמִים.

בראש חודש: הָרַחֲמָן הוּא יְחַדֵּשׁ עָלֵינוּ
אֶת הַחֹדֶשׁ הַזֶּה לְטוֹבָה וְלִבְרָכָה.

בראש השנה: הָרַחֲמָן הוּא יְחַדֵּשׁ עָלֵינוּ
אֶת הַשָּׁנָה הַזֹּאת לְטוֹבָה וְלִבְרָכָה.

On Yom Tov: May the Compassionate One let us inherit the day,
that is all good.

On Sukkot: May the Compassionate One restore for us,
the fallen Tabernacle of David.

הָרַחֲמָן May the Compassionate One make us worthy
of the Messianic Age and life in the World to Come.
He gives great / *On Shabbat, Festivals, and Rosh Ḥodesh:* He is a tower of /
salvation to His king, showing kindness to His anointed,
to David and his descendants for ever.
He who makes peace in His high places,
may He make peace for us and all Israel,
and let us say: Amen.

יְראוּ Fear the Lord, you His holy ones;
those who fear Him lack nothing.
Young lions may grow weak and hungry,
but those who seek the Lord
lack no good thing.
Thank the Lord for He is good;
His loving-kindness is for ever.
You open Your hand,
and satisfy every living thing with Your favor.
Blessed is the person
who trusts in the Lord,
whose trust is in the Lord alone.
Once I was young, and now I am old,
yet I have never watched
a righteous man forsaken
or his children begging for bread.
The Lord will give His people strength.
The Lord will bless His people with peace.

If Birkat HaMazon was made on a cup of wine, then the blessing over wine is made and the majority of the cup is drunk, after which Al HaGefen, page 186, is said.

ביום טוב: הָרַחֲמָן הוּא יַנְחִילֵנוּ יוֹם שֶׁכֻּלּוֹ טוֹב.

בסוכות: הָרַחֲמָן הוּא יָקִים לָנוּ אֶת סֻכַּת דָּוִד הַנּוֹפֶלֶת.

הָרַחֲמָן הוּא יְזַכֵּנוּ לִימוֹת הַמָּשִׁיחַ וּלְחַיֵּי הָעוֹלָם הַבָּא
מַגְדִּל / *On* ראש חודש, חגים, שבת *and*: מִגְדּוֹל / יְשׁוּעוֹת מַלְכּוֹ שמואל ב׳ כב
וְעֹשֶׂה־חֶסֶד לִמְשִׁיחוֹ, לְדָוִד וּלְזַרְעוֹ עַד־עוֹלָם:
עֹשֶׂה שָׁלוֹם בִּמְרוֹמָיו
הוּא יַעֲשֶׂה שָׁלוֹם עָלֵינוּ וְעַל כָּל יִשְׂרָאֵל
וְאִמְרוּ אָמֵן.

יְראוּ אֶת־יהוה קְדֹשָׁיו תהלים לד
כִּי־אֵין מַחְסוֹר לִירֵאָיו:
כְּפִירִים רָשׁוּ וְרָעֵבוּ
וְדֹרְשֵׁי יהוה לֹא־יַחְסְרוּ כָל־טוֹב: תהלים קיח
הוֹדוּ לַיהוה כִּי־טוֹב תהלים קלו
כִּי לְעוֹלָם חַסְדּוֹ:
פּוֹתֵחַ אֶת־יָדֶךָ תהלים קמה
וּמַשְׂבִּיעַ לְכָל־חַי רָצוֹן:
בָּרוּךְ הַגֶּבֶר אֲשֶׁר יִבְטַח בַּיהוה ירמיה יז
וְהָיָה יהוה מִבְטַחוֹ:
נַעַר הָיִיתִי גַּם־זָקַנְתִּי תהלים לז
וְלֹא־רָאִיתִי צַדִּיק נֶעֱזָב וְזַרְעוֹ מְבַקֶּשׁ־לָחֶם:
יהוה עֹז לְעַמּוֹ יִתֵּן תהלים כט
יהוה יְבָרֵךְ אֶת־עַמּוֹ בַשָּׁלוֹם:

If ברכת המזון *was made on a cup of wine, then* בּוֹרֵא פְּרִי הַגָּפֶן *is said and the majority of the cup is drunk, after which* ברכה מעין שלוש, *page 187, is said.*

ZIMMUN AFTER A WEDDING
OR SHEVA BERAKHOT FEAST

The leader takes a cup of wine in his hand and says:

Leader Gentlemen, let us say grace.

Others May the name of the LORD be blessed from now and for ever.

Leader May the name of the LORD be blessed from now and for ever.

> Banish grief and anger. Let even the mute celebrate in song.
> Guide us in the paths of righteousness.
> Hear the blessing of the children of Aaron.

Add the appropriate words in parentheses:

With your permission, (my father and teacher / my mother and teacher / the Kohanim present / our teacher the Rabbi / the master of this house / the mistress of this house) my masters and teachers,
let us bless our God, in whose dwelling place is joy,
from whose food we have eaten.

Others Blessed be our God in whose dwelling place is joy,
from whose food we have eaten, and by whose goodness we live.

Leader Blessed be our God in whose dwelling place is joy,
from whose food we have eaten, and by whose goodness we live.
Blessed be He, and blessed be His name.

Continue with Birkat HaMazon on page 157, at the end of which
say the Sheva Berakhot (on page 176) over a cup of wine.

זימון לסעודת שבע ברכות

The leader takes a cup of wine in his hand and says:

Leader רַבּוֹתַי, נְבָרֵךְ.

Others יְהִי שֵׁם יהוה מְבֹרָךְ מֵעַתָּה וְעַד־עוֹלָם:

Leader יְהִי שֵׁם יהוה מְבֹרָךְ מֵעַתָּה וְעַד־עוֹלָם:

דְּוַי הָסֵר וְגַם חָרוֹן וְאָז אִלֵּם בְּשִׁיר יָרֹן.
נְחֵנוּ בְּמַעְגְּלֵי צֶדֶק שְׁעֵה בִּרְכַּת בְּנֵי אַהֲרֹן.

Add the appropriate words in parentheses:

בִּרְשׁוּת (אָבִי מוֹרִי / אִמִּי מוֹרָתִי / כֹּהֲנִים / מוֹרֵנוּ הָרַב /
בַּעַל הַבַּיִת הַזֶּה / בַּעֲלַת הַבַּיִת הַזֶּה) מָרָנָן וְרַבָּנָן וְרַבּוֹתַי
נְבָרֵךְ אֱלֹהֵינוּ שֶׁהַשִּׂמְחָה בִּמְעוֹנוֹ, שֶׁאָכַלְנוּ מִשֶּׁלּוֹ.

Others בָּרוּךְ אֱלֹהֵינוּ שֶׁהַשִּׂמְחָה בִּמְעוֹנוֹ, שֶׁאָכַלְנוּ מִשֶּׁלּוֹ וּבְטוּבוֹ חָיִינוּ.

Leader בָּרוּךְ אֱלֹהֵינוּ שֶׁהַשִּׂמְחָה בִּמְעוֹנוֹ, שֶׁאָכַלְנוּ מִשֶּׁלּוֹ וּבְטוּבוֹ חָיִינוּ.
בָּרוּךְ הוּא וּבָרוּךְ שְׁמוֹ.

Continue with ברכת המזון *on page 157, at the end of which say the* שבע ברכות *(on page 177) over a cup of wine.*

THE SEVEN BLESSINGS OF MARRIAGE

After Birkat HaMazon, the following blessings are recited, either by one person or several honorees. Each blessing is recited while holding the cup of wine.

בָּרוּךְ Blessed are You, Lord our God, King of the Universe, who has created all for His glory.

בָּרוּךְ Blessed are You, Lord our God, King of the Universe, Creator of mankind.

בָּרוּךְ Blessed are You, Lord our God, King of the Universe, who made humanity in His image, the image of His likeness, and out of His very self formed a building for eternity. Blessed are You, Lord, Creator of mankind.

שׂוֹשׂ Bring great happiness and joy to one who was barren [Zion], as her children return to her in joy. Blessed are You, Lord, who gladdens Zion through her children.

שַׂמֵּחַ Bring great joy to these loving friends, as You gave joy to Your creations in the Garden of Eden. Blessed are You, Lord, who gives joy to the bridegroom and bride.

בָּרוּךְ Blessed are You, Lord our God, King of the Universe, who created joy and gladness, bridegroom and bride, happiness and jubilation, cheer and delight, love, fellowship, peace and friendship. Soon, Lord our God, may there be heard in the cities of Judah, and in the streets of Jerusalem, the sounds of joy and gladness, the sounds of the bridegroom and bride, the joyous sounds of bridegrooms from their wedding canopy and of young people at their feasts of song. Blessed are You, Lord, who makes the bridegroom rejoice with the bride.

The seventh blessing is recited by the Leader of Birkat HaMazon:

בָּרוּךְ Blessed are You, Lord our God, King of the Universe, who creates the fruit of the vine.

שבע ברכות הנשואין

After ברכת המזון*, the following blessings are recited, either by one person or several honorees. Each blessing is recited while holding the cup of wine.*

בָּרוּךְ אַתָּה יהוה אֱלֹהֵינוּ מֶלֶךְ הָעוֹלָם, שֶׁהַכֹּל בָּרָא לִכְבוֹדוֹ.

בָּרוּךְ אַתָּה יהוה אֱלֹהֵינוּ מֶלֶךְ הָעוֹלָם, יוֹצֵר הָאָדָם.

בָּרוּךְ אַתָּה יהוה אֱלֹהֵינוּ מֶלֶךְ הָעוֹלָם, אֲשֶׁר יָצַר אֶת הָאָדָם בְּצַלְמוֹ, בְּצֶלֶם דְּמוּת תַּבְנִיתוֹ, וְהִתְקִין לוֹ מִמֶּנּוּ בִּנְיַן עֲדֵי עַד. בָּרוּךְ אַתָּה יהוה, יוֹצֵר הָאָדָם.

שׂוֹשׂ תָּשִׂישׂ וְתָגֵל הָעֲקָרָה בְּקִבּוּץ בָּנֶיהָ לְתוֹכָהּ בְּשִׂמְחָה. בָּרוּךְ אַתָּה יהוה, מְשַׂמֵּחַ צִיּוֹן בְּבָנֶיהָ.

שַׂמֵּחַ תְּשַׂמַּח רֵעִים הָאֲהוּבִים כְּשַׂמֵּחֲךָ יְצִירְךָ בְּגַן עֵדֶן מִקֶּדֶם. בָּרוּךְ אַתָּה יהוה, מְשַׂמֵּחַ חָתָן וְכַלָּה.

בָּרוּךְ אַתָּה יהוה אֱלֹהֵינוּ מֶלֶךְ הָעוֹלָם, אֲשֶׁר בָּרָא שָׂשׂוֹן וְשִׂמְחָה, חָתָן וְכַלָּה, גִּילָה, רִנָּה, דִּיצָה וְחֶדְוָה, אַהֲבָה וְאַחֲוָה וְשָׁלוֹם וְרֵעוּת. מְהֵרָה יהוה אֱלֹהֵינוּ, יִשָּׁמַע בְּעָרֵי יְהוּדָה וּבְחוּצוֹת יְרוּשָׁלָיִם, קוֹל שָׂשׂוֹן וְקוֹל שִׂמְחָה, קוֹל חָתָן וְקוֹל כַּלָּה, קוֹל מִצְהֲלוֹת חֲתָנִים מֵחֻפָּתָם וּנְעָרִים מִמִּשְׁתֵּה נְגִינָתָם. בָּרוּךְ אַתָּה יהוה, מְשַׂמֵּחַ הֶחָתָן עִם הַכַּלָּה.

The seventh blessing is recited by the Leader of ברכת המזון*:*

בָּרוּךְ אַתָּה יהוה אֱלֹהֵינוּ מֶלֶךְ הָעוֹלָם, בּוֹרֵא פְּרִי הַגָּפֶן.

BIRKAT HAMAZON AT A BRIT MILA

Leader Gentlemen, let us say grace.
Others May the name of the Lord be blessed from now and for ever.
Leader May the name of the Lord be blessed from now and for ever.

Leader then others We give thanks to Your name among the faithful.
Blessed are you to the Lord.

Leader With permission of the Almighty, awesome and revered,
a refuge in times of trouble,
Almighty, girded with strength –
majestic on high, the Lord.

Others We give thanks to Your name among the faithful.
Blessed are you to the Lord.

Leader With permission of the holy Torah,
pure and clear,
given to us as a heritage
by Moses the servant of the Lord.

Others We give thanks to Your name among the faithful.
Blessed are you to the Lord.

Leader With permission of the priests, the Levites,
I call upon the God of the Hebrews,
declaring His glory to the furthest isles,
and offering blessings to the Lord.

Others We give thanks to Your name among the faithful.
Blessed are you to the Lord.

ברכת המזון לברית מילה

Leader   רַבּוֹתַי, נְבָרֵךְ.

Others   יְהִי שֵׁם יהוה מְבֹרָךְ מֵעַתָּה וְעַד־עוֹלָם:

Leader   יְהִי שֵׁם יהוה מְבֹרָךְ מֵעַתָּה וְעַד־עוֹלָם:

Leader then others   נוֹדֶה לְשִׁמְךָ בְּתוֹךְ אֱמוּנַי, בְּרוּכִים אַתֶּם לַיהוה.

Leader   בִּרְשׁוּת אֵל אָיֹם וְנוֹרָא

מִשְׂגָּב לְעִתּוֹת בַּצָּרָה

אֵל נֶאְזָר בִּגְבוּרָה

אַדִּיר בַּמָּרוֹם יהוה.

Others   נוֹדֶה לְשִׁמְךָ בְּתוֹךְ אֱמוּנַי, בְּרוּכִים אַתֶּם לַיהוה.

Leader   בִּרְשׁוּת הַתּוֹרָה הַקְּדוֹשָׁה

טְהוֹרָה הִיא וְגַם פְּרוּשָׁה

צִוָּה לָנוּ מוֹרָשָׁה

מֹשֶׁה עֶבֶד יהוה.

Others   נוֹדֶה לְשִׁמְךָ בְּתוֹךְ אֱמוּנַי, בְּרוּכִים אַתֶּם לַיהוה.

Leader   בִּרְשׁוּת הַכֹּהֲנִים וְהַלְוִיִּם

אֶקְרָא לֵאלֹהֵי הָעִבְרִיִּים

אֲהוֹדֶנּוּ בְּכָל אִיִּים

אֲבָרְכָה אֶת יהוה.

Others   נוֹדֶה לְשִׁמְךָ בְּתוֹךְ אֱמוּנַי, בְּרוּכִים אַתֶּם לַיהוה.

Leader בִּרְשׁוּת מָרָנָן וְרַבָּנָן וְרַבּוֹתַי
אֶפְתְּחָה בְּשִׁיר פִּי וּשְׂפָתַי
וְתֹאמַרְנָה עַצְמוֹתַי
בָּרוּךְ הַבָּא בְּשֵׁם יהוה.

Others נוֹדֶה לְשִׁמְךָ בְּתוֹךְ אֱמוּנַי, בְּרוּכִים אַתֶּם לַיהוה.

Leader בִּרְשׁוּת מָרָנָן וְרַבָּנָן וְרַבּוֹתַי
נְבָרֵךְ (במנין: אֱלֹהֵינוּ) שֶׁאָכַלְנוּ מִשֶּׁלּוֹ.

Others בָּרוּךְ (במנין: אֱלֹהֵינוּ) שֶׁאָכַלְנוּ מִשֶּׁלּוֹ וּבְטוּבוֹ חָיִינוּ.

Leader בָּרוּךְ (במנין: אֱלֹהֵינוּ) שֶׁאָכַלְנוּ מִשֶּׁלּוֹ וּבְטוּבוֹ חָיִינוּ.
בָּרוּךְ הוּא וּבָרוּךְ שְׁמוֹ.

Leader With the permission of the rabbis, teachers and friends,
I open my lips with song,
saying from my innermost being:
"Blessed is he that comes in the name of the Lord."

Others We give thanks to Your name among the faithful.
Blessed are you to the Lord.

Leader With your permission, my masters and teachers,
let us bless (*in a minyan:* our God,)
the One from whose food we have eaten.

Others Blessed be (*in a minyan:* our God,)
the One from whose food we have eaten,
and by whose goodness we live.

Leader Blessed be (*in a minyan:* our God,)
the One from whose food we have eaten,
and by whose goodness we live.
Blessed be He, and blessed be His name.

Continue with Birkat HaMazon on page 157
until "in the eyes of God and man" on page 170. Then continue:

Someone other than the father says:

הָרַחֲמָן May the Compassionate One
bless the father and mother of this child.
May they be worthy to raise him,
educate him, and train him in wisdom.
From this eighth day onward may his blood be accepted,
and may the LORD his God be with him always.

Someone other than the Sandak says:

הָרַחֲמָן May the Compassionate One bless him [the Sandak]
who assisted in the covenant of circumcision
and rejoiced to do this pious deed.
May God doubly reward him for his deed,
exalting him ever higher.

הָרַחֲמָן May the Compassionate One
bless the tender child, circumcised on his eighth day.
May his heart and hands be firm with God,
and may he be worthy to witness the Divine Presence
three times a year.

Someone other than the Mohel says:

הָרַחֲמָן May the Compassionate One
bless him who performed the circumcision,
and fulfilled every part of the precept.
The service of the faint-hearted would not be acceptable
if he failed to perform
the three essentials of the precept.

Continue with ברכת המזון *on page 157*
until בְּעֵינֵי אֱלֹהִים וְאָדָם *on page 171. Then continue:*

Someone other than the father says:

הָרַחֲמָן הוּא יְבָרֵךְ אֲבִי הַיֶּלֶד וְאִמּוֹ
וְיִזְכּוּ לְגַדְּלוֹ וּלְחַנְּכוֹ וּלְחַכְּמוֹ
מִיּוֹם הַשְּׁמִינִי וָהָלְאָה יֵרָצֶה דָמוֹ
וִיהִי יהוה אֱלֹהָיו עִמּוֹ.

Someone other than the סנדק *says:*

הָרַחֲמָן הוּא יְבָרֵךְ בַּעַל בְּרִית הַמִּילָה
אֲשֶׁר שָׂשׂ לַעֲשׂוֹת צֶדֶק בְּגִילָה
וִישַׁלֵּם פָּעֳלוֹ וּמַשְׂכֻּרְתּוֹ כְּפוּלָה
וְיִתְּנֵהוּ לְמַעְלָה לְמָעְלָה.

הָרַחֲמָן הוּא יְבָרֵךְ רַךְ הַנִּמּוֹל לִשְׁמוֹנָה
וְיִהְיוּ יָדָיו וְלִבּוֹ לָאֵל אֱמוּנָה
וְיִזְכֶּה לִרְאוֹת פְּנֵי הַשְּׁכִינָה
שָׁלֹשׁ פְּעָמִים בַּשָּׁנָה.

Someone other than the מוהל *says:*

הָרַחֲמָן הוּא יְבָרֵךְ הַמָּל בְּשַׂר הָעָרְלָה
וּפָרַע וּמָצַץ דְּמֵי הַמִּילָה
אִישׁ הַיָּרֵא וְרַךְ הַלֵּבָב עֲבוֹדָתוֹ פְּסוּלָה
אִם שְׁלָשׁ אֵלֶּה לֹא יַעֲשֶׂה לָהּ.

הָרַחֲמָן הוּא יִשְׁלַח לָֽנוּ מְשִׁיחוֹ הוֹלֵךְ תָּמִים
בִּזְכוּת חֲתַן לַמּוּלוֹת דָּמִים
לְבַשֵּׂר בְּשׂוֹרוֹת טוֹבוֹת וְנִחוּמִים
לְעַם אֶחָד מְפֻזָּר וּמְפֹרָד בֵּין הָעַמִּים.

הָרַחֲמָן הוּא יִשְׁלַח לָֽנוּ כֹּהֵן צֶֽדֶק אֲשֶׁר לֻקַּח לְעֵילֹם
עַד הוּכַן כִּסְאוֹ כַּשֶּֽׁמֶשׁ וְיַהֲלֹם
וַיָּֽלֶט פָּנָיו בְּאַדַּרְתּוֹ וַיִּגְלֹם
בְּרִיתִי הָיְתָה אִתּוֹ הַחַיִּים וְהַשָּׁלוֹם.

Continue with הָרַחֲמָן הוּא יְזַכֵּֽנוּ לִימוֹת הַמָּשִֽׁיחַ *on page 173.*
On שבת*,* ראש חודש *or* יום טוב*, continue with the*
appropriate הָרַחֲמָן *at the bottom of page 171.*

הָרַחֲמָן May the Compassionate One
send us His anointed, blameless in life,
through the merit of this child
groomed by the blood of circumcision,
to proclaim good news and consolations
to the unique people scattered
and dispersed among the nations.

הָרַחֲמָן May the Compassionate One
send us the righteous priest,
who was taken into hiding,
until a throne, bright as the sun, radiant as a diamond,
is prepared for him;
the prophet who covered his face with his mantle
and wrapped himself in it [when God declared]:
My covenant is with him for life and peace.

Continue with "May the Compassionate One make us worthy of the Messianic Age" on page 172. On Shabbat, Rosh Ḥodesh or Yom Tov, continue with the appropriate "May the Compassionate One" at the bottom of page 170.

BLESSING AFTER FOOD — AL HAMIḤYA

Grace after eating from the "seven species" of produce with which Israel is blessed: food made from the five grains (but not bread); wine or grape juice; grapes, figs, pomegranates, olives, or dates.

בָּרוּךְ Blessed are You, Lord our God, King of the Universe,

After grain products, but not bread or matza:	*After wine or grape juice:*	*After grapes, figs, olives, pomegranates or dates:*
for the nourishment and sustenance,	for the vine and the fruit of the vine,	for the tree and the fruit of the tree,

After grain products (but not bread or matza) and wine or grape juice:
for the nourishment and sustenance
and for the vine and the fruit of the vine,

and for the produce of the field; for the desirable, good and spacious land that You willingly gave as heritage to our ancestors, that they might eat of its fruit and be satisfied with its goodness. Have compassion, please, Lord our God, on Israel Your people, on Jerusalem Your city, on Zion the home of Your glory, on Your altar and Your Temple. May You rebuild Jerusalem the holy city swiftly in our time, and may You bring us back there, rejoicing in its rebuilding, eating from its fruit, satisfied by its goodness, and blessing You for it in holiness and purity.

On Shabbat:	Be pleased to refresh us on this Sabbath Day.
On Rosh Ḥodesh:	Remember us for good on this day of the New Moon.
On Rosh HaShana:	Remember us for good on this Day of Remembrance.
On Pesaḥ:	Grant us joy on this Festival of Matzot.
On Shavuot:	Grant us joy on this Festival of Shavuot.
On Sukkot:	Grant us joy on this Festival of Sukkot.
On Shemini Atzeret & Simḥat Torah:	Grant us joy on this Festival of Shemini Atzeret.

בְּרָכָה מֵעֵין שָׁלוֹשׁ

Grace after eating from the "seven sorts" of produce with which Israel is blessed: food made from the five grains (but not bread); wine or grape juice; grapes, figs, pomegranates, olives, or dates.

בָּרוּךְ אַתָּה יהוה אֱלֹהֵֽינוּ מֶֽלֶךְ הָעוֹלָם, עַל

After grapes, figs, olives, pomegranates or dates:	*After wine or grape juice:*	*After grain products, but not bread or* מצה:
הָעֵץ וְעַל פְּרִי הָעֵץ	הַגֶּֽפֶן וְעַל פְּרִי הַגֶּֽפֶן	הַמִּחְיָה וְעַל הַכַּלְכָּלָה

After grain products (but not bread or מצה*) and wine or grape juice:*

הַמִּחְיָה וְעַל הַכַּלְכָּלָה וְעַל הַגֶּֽפֶן וְעַל פְּרִי הַגֶּֽפֶן

וְעַל תְּנוּבַת הַשָּׂדֶה וְעַל אֶֽרֶץ חֶמְדָּה טוֹבָה וּרְחָבָה, שֶׁרָצִֽיתָ וְהִנְחַֽלְתָּ לַאֲבוֹתֵֽינוּ לֶאֱכֹל מִפִּרְיָהּ וְלִשְׂבֹּֽעַ מִטּוּבָהּ. רַחֶם נָא יהוה אֱלֹהֵֽינוּ עַל יִשְׂרָאֵל עַמֶּֽךָ וְעַל יְרוּשָׁלַֽיִם עִירֶֽךָ וְעַל צִיּוֹן מִשְׁכַּן כְּבוֹדֶֽךָ וְעַל מִזְבְּחֶֽךָ וְעַל הֵיכָלֶֽךָ. וּבְנֵה יְרוּשָׁלַֽיִם עִיר הַקֹּֽדֶשׁ בִּמְהֵרָה בְיָמֵֽינוּ, וְהַעֲלֵֽנוּ לְתוֹכָהּ וְשַׂמְּחֵֽנוּ בְּבִנְיָנָהּ וְנֹאכַל מִפִּרְיָהּ וְנִשְׂבַּע מִטּוּבָהּ, וּנְבָרֶכְךָ עָלֶֽיהָ בִּקְדֻשָּׁה וּבְטָהֳרָה.

בשבת:	וּרְצֵה וְהַחֲלִיצֵֽנוּ בְּיוֹם הַשַּׁבָּת הַזֶּה
בראש חודש:	וְזָכְרֵֽנוּ לְטוֹבָה בְּיוֹם רֹאשׁ הַחֹֽדֶשׁ הַזֶּה
בראש השנה:	וְזָכְרֵֽנוּ לְטוֹבָה בְּיוֹם הַזִּכָּרוֹן הַזֶּה
בפסח:	וְשַׂמְּחֵֽנוּ בְּיוֹם חַג הַמַּצּוֹת הַזֶּה
בשבועות:	וְשַׂמְּחֵֽנוּ בְּיוֹם חַג הַשָּׁבוּעוֹת הַזֶּה
בסוכות:	וְשַׂמְּחֵֽנוּ בְּיוֹם חַג הַסֻּכּוֹת הַזֶּה
בשמיני עצרת ושמחת תורה:	וְשַׂמְּחֵֽנוּ בְּיוֹם הַשְּׁמִינִי חַג הָעֲצֶֽרֶת הַזֶּה

For You, God, are good and do good to all and we thank You for the land

After grain products,
but not bread or matza:
and for the nourishment. Blessed are You, Lord, for the land and for the nourishment.

After wine or grape juice:
and for the fruit of the vine.* Blessed are You, Lord, for the land and for the fruit of the vine.*

After grapes, figs, olives,
pomegranates or dates:
and for the fruit.** Blessed are You, Lord, for the land and for the fruit.**

After grain products (but not bread or matza) and wine or grape juice:
and for the nourishment and for the fruit of the vine. Blessed are You, Lord, for the land and for the nourishment and the fruit of the vine.

If the wine is from Israel, then substitute "her [the land's] vine" for "the vine."
**If the fruit is from Israel, then substitute "her [the land's] fruit" for "the fruit."*

BLESSING AFTER FOOD — BOREH NEFASHOT

After food or drink that does not require Birkat HaMazon or
Al HaMiḥya – such as meat, fish, dairy products, vegetables, beverages,
or fruit other than grapes, figs, pomegranates, olives or dates – say:

בָּרוּךְ Blessed are You, Lord our God, King of the Universe, who creates the many forms of life and their needs. For all You have created to sustain the life of all that lives, blessed be He, Giver of life to the worlds.

כִּי אַתָּה יהוה טוֹב וּמֵטִיב לַכֹּל, וְנוֹדֶה לְּךָ עַל הָאָֽרֶץ

After grain products, but not bread or מצה:

וְעַל הַמִּחְיָה.
בָּרוּךְ אַתָּה יהוה
עַל הָאָֽרֶץ
וְעַל הַמִּחְיָה.

After wine or grape juice:

וְעַל פְּרִי הַגָּֽפֶן.*
בָּרוּךְ אַתָּה יהוה
עַל הָאָֽרֶץ
וְעַל פְּרִי הַגָּֽפֶן.*

After grapes, figs, olives, pomegranates or dates:

וְעַל הַפֵּרוֹת.**
בָּרוּךְ אַתָּה יהוה
עַל הָאָֽרֶץ
וְעַל הַפֵּרוֹת.**

After grain products (but not bread or מצה) and wine or grape juice:

וְעַל הַמִּחְיָה וְעַל פְּרִי הַגָּֽפֶן.*
בָּרוּךְ אַתָּה יהוה, עַל הָאָֽרֶץ וְעַל הַמִּחְיָה וְעַל פְּרִי הַגָּֽפֶן.*

**If the wine is from ארץ ישראל, then substitute גַּפְנָהּ for הַגָּֽפֶן.*
***If the fruit is from ארץ ישראל, then substitute פֵּרוֹתֶֽיהָ for הַפֵּרוֹת.*

בורא נפשות

After food or drink that does not require ברכת המזון or מעין שלוש – such as meat, fish, dairy products, vegetables, beverages, or fruit other than grapes, figs, pomegranates, olives or dates – say:

בָּרוּךְ אַתָּה יהוה אֱלֹהֵֽינוּ מֶֽלֶךְ הָעוֹלָם, בּוֹרֵא נְפָשׁוֹת רַבּוֹת וְחֶסְרוֹנָן עַל כָּל מַה שֶּׁבָּרָֽאתָ לְהַחֲיוֹת בָּהֶם נֶֽפֶשׁ כָּל חָי. בָּרוּךְ חֵי הָעוֹלָמִים.

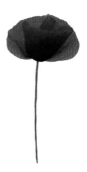

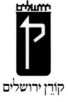

קורן ירושלים